普天之下・無[illegible][illegible]書

普天出版家族
Popular Press Family

凌雲
A-Plus Creative Company
文創

江映雪——編著

Change now IS TO CHANGE THE FUTURE

劇作家易卜生說：「真正的強者，善於從順境中找到陰影，從逆境中找到光亮，時時校準自己前進的目標。」

自信是對自我價值的積極展現，是對自我能力的堅定信賴。想要改寫自己的人生，就必須從建立信心做起。只要隨時修正現在的腳步，往正確的方向前進，充滿自信的你，自然而然就能改變自己的人生。

充滿信心，
你就是自己的
幸運之神

你的自信，一定會改變你的人生

• 出版序 •

你的命運交響曲由你來指揮

人的命運是可以改變的，隨著客觀環境的變化，隨著個人的主觀努力，你也可以親自指揮一場動聽的命運交響樂。

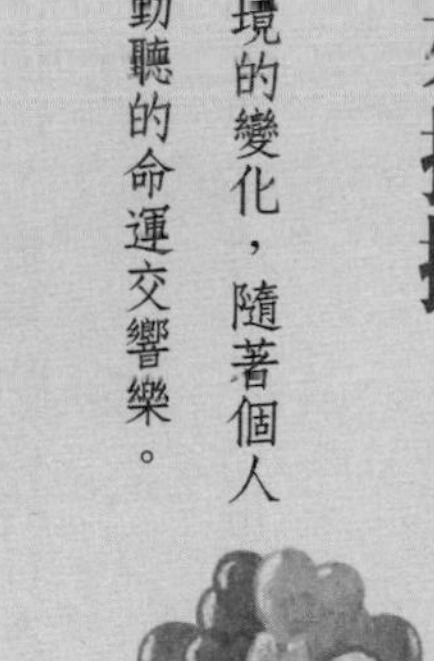

當一個人對生命感到徬徨無助，而伸出手心，請人算命之時，其實正代表著他失去了對自己生命的掌控權。

很多人相信命運，但卻不了解什麼是命運？

已故的日本歷史作家司馬遼太郎提出一個觀點：所謂的命運，事實上就是運行不止的生命；命運不是既定的宿命，而是隨時都在變動的行程。看待命運的態度不同，人生自然會有迴然不同的發展。

傑克．尼克勞斯曾經寫道：「一個成功者，大部份的成就來自於他人不斷提昇自己的抱負與期望。」

自信，是自我價值的正面展現，是對本身能力的堅定信念。

只要充滿自信，很多事情就會神奇地改變。只要對自己充滿信心，就會激發自己意想不到的潛能，戰勝那些看似無法戰勝的人事物，也不再自卑、徬徨、焦躁、迷惘、盲從。

貝多芬是備受推崇的世界級音樂大師，然而他的音樂之路與輝煌成就，卻始終與不幸結伴而行。

法國文豪羅曼羅蘭在《貝多芬傳》裡描述，童年時代的貝多芬，不僅沒有得到母愛，更鮮少能有機會飽餐一頓。

到了青年時代，貝多芬的日子依然過得非常清貧，也得不到愛人的垂青。二十六歲那年，更遭遇了生命中最嚴重的打擊。

那時的貝多芬，正值黃金時期，因為他的音樂天分開始受到矚目，但不幸的是，他竟然罹患了中耳炎，聽力開始急遽減退。

身為一個音樂家，喪失了聽覺，可說是件生不如死的打擊。

當時，貝多芬曾經難過地對友人說：「當身邊的人能聽見遠處的笛聲，而我卻聽不見時，這是件多麼痛苦的事！」

為了不讓人們發現自己耳聾，貝多芬從此不再參與任何社交活動，獨自躲進一個寂靜的世界。

然而，殘酷的命運並沒有讓貝多芬消沉，反而激發他的旺盛鬥志，在音樂創作的領域中加倍努力。

在耳朵發生嚴重聽覺障礙後的五年內，貝多芬陸續創作出包括〈第一交響曲〉等幾十首著名的樂曲。

隨著耳聾的情況越來越嚴重，貝多芬的創作天分反而進入了全盛期。

在這段期間內，貝多芬創作了大量優秀的作品，例如第三和第八交響樂章、第四和第五鋼琴協奏曲，以及〈黎明〉和〈熱情〉……等著名的鋼琴演奏曲，為音樂世界開闢了一個嶄新的時代。

完全失去聽覺後，貝多芬仍然繼續著音樂創作與指揮排練。

為了能準確知道鋼琴的演奏情況，他準備了一根細棒倚在鋼琴上，另一端則用嘴咬住，如此一來，琴弦的振動便會傳到棒子，再由齒骨傳到內耳，那麼他便能準確判斷音律是否正確。

完全耳聾的貝多芬，透過音樂生動地表現他扼住命運咽喉的吶喊，創作出不朽的〈命運交響曲〉。

德國哲學大師恩格斯聽到這首命運交響曲時，內心非常激賞，他在寫給妹妹的一封信中說道：「我敢保證，妳一輩子也沒有聽過這樣震撼心弦的交響樂曲，〈命運交響曲〉每一樂章都清楚展現了動人的生命面貌，似乎貝多芬的一生全都寫在這個交響樂中了。」

追溯許多不平凡人物的生平，沒有一個不是從最平凡時出發，爲什麼他們能成爲不平凡的人？

因爲，他們知道命運不是宿命的輪迴，而是隨著自己的心境而變動的，生命

不是既定的流程，而是操控在你手上的方向盤，你想往什麼方向去，人生的道路便會朝著那個方向延伸。

貝多芬努力用他的雙手，創造他的人生，也許宿命論者會說，這是他「時來運轉」，但他的成功眞的只是幸運而已嗎？沒有不斷的自我超越和剛毅不撓的堅強鬥志，他又如何能成爲人人景仰的「樂聖」？

詩人歌德曾經寫道：「每個人都應該堅持走他為自己開闢的道路，不被權威嚇倒，不受別人的觀點牽制，也不時尚流行而迷惑。」

無論自己處在多麼嚴酷的境遇之中，都不能產生悲觀絕望的念頭，反而要更加充滿信心。

自信會帶來意想不到的好運，許多原本你覺得不可能的事，只要對自己充滿信心，困難就會在你鍥而不捨的努力中神奇的消失了。

人的命運是可以改變的，隨著客觀環境的變化，隨著個人的主觀努力，你也可以親自指揮一場動聽的命運交響樂。

PART—1 讓險境成為生命的動力

只要能活著，再困難的險境都會是生命的動力，只要積極、不退縮，人生就沒有什麼是不可能的。

PART—2 再失意，也別失去意志力

生命的活力與生活的積極，才是人生的真正意義。不管人生再怎麼失意，也別讓自己失去自主的生活能力。

PART—3

轉換心境，就能轉換命運

此路不通，那就找尋另一種可能；別無去路，那就追求另一種成功。山不轉路轉，沒有人規定你非得要直著走！

PART— 4

充滿信心，就能保持平常心

只有抱持著平常心，無論對手是強是弱，是超乎水準還是一反常態，你都能充滿信心，表現出自己最好的狀態。

PART— 5

充滿自信 才能創新

突破傳統的窠臼需要自信和勇氣，更需要高明的創新手法。扭轉既有的事實需要冒險，新大陸往往就是這樣被發現的。

PART—6

相信自己，未來就在你手中

聽見內心最深處的聲音，留意每一個來自心裡的感覺，面對它，重視它，更重要的是，要相信成功和信心是一體兩面。

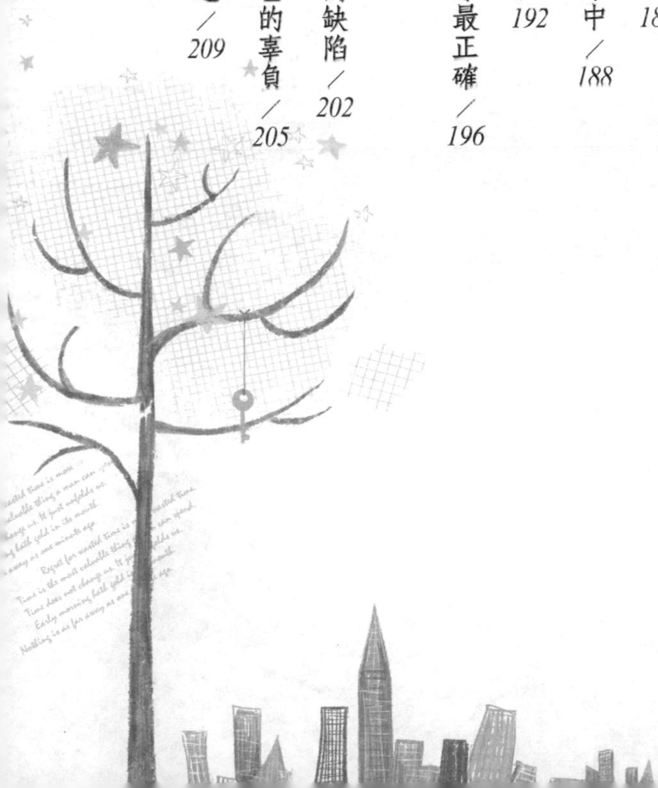

PART—7

充滿信心
就能抓住人心

自信讓成功者相信自己的勇氣，思考組織力讓成功者清楚看到人生的方向，良好的身心狀況則讓成功者積極面對未來。

PART—8

意志力才是成功的關鍵

世上沒有無風無浪的旅程，也沒有不曾受過傷的船。命運畢竟還是公平的，最重要的決定權在於人的意志。

PART—9

多用一點心，就多一點機運

只要多一點留意，就能免除掉很多的麻煩，更可能為自己帶來好處。一個小小的細節，都有可能造成大大的影響。

PART—10

快樂烹調 你的幸福人生

培養興趣是一項重要的生活條件，在興趣中建立目標，不但能使自己活得快樂，也能讓人感受到蓬勃的生命力。

PART—11

懂得付出，才能活出生命的價值

在每個角落有許多需要關懷的人正默默等待著愛，將無數的小愛化為大愛，這就是生存的意義。

1. PART

讓險境成爲生命的動力

只要能活著，
再困難的險境都會是生命的動力，
只要積極、不退縮，
人生就沒有什麼是不可能的。

讓險境成為生命的動力

只要能活著，再困難的險境都會是生命的動力，只要積極、不退縮，人生就沒有什麼是不可能的。

別再停留在崎嶇的人生路口，更別想著退縮，因爲就算換了另一條路走，仍然會遇上陡峭難行的路．

畢竟人生不可能永遠一帆風順，而且唯有在狂風暴雨中，我們才會激起強烈的生命動力。

美國有個失去兩條腿的人，用自己積極而旺盛的生命力，彌補了身體的缺陷，相當受歡的演說家。這個傳奇人物的名叫班．福特生。

班是在一九八五年那年，失去了他的雙腿。

有一天，他砍了許多胡桃木的枝幹，準備拿來做種植豆子的撐架。當他把胡桃木裝上車後，在開車回家的途中，突然有一根樹枝滑落，卡進了引擎裡。不巧的是，這時車子正準備急轉彎，卡在引擎中的樹枝，造成車子失控，直接衝撞到路邊的樹幹，造成班的脊椎受了重傷，兩條腿登時完全麻痺。

出事那年，班才二十四歲，經過緊急搶救之後，醫生雖然救回他一命，但也判定他要終身坐在輪椅上。

生命中這個突如其來的衝擊，令班無法接受，他對人生充滿了憤恨和難過，每天都在抱怨老天的不公，和命運的乖舛。

在怨懟的生活裡，日子就這麼一天又一天度過。

有一天，班忽然醒悟，他發現憤恨的情緒非但使得自己什麼事也做不成，而且還帶給別人惡劣的印象。

當心境平靜下來，他慢慢地發現，其實大家對他都充滿了體諒與尊重，每個人對他都相當關心，於是他告訴自己，應該要設法加以回饋。

心結打開的那天，班整個人完全轉變，不僅積極地面對人生，還養成了每天閱讀的習慣，漸漸地，對一些文學作品產生了興趣。

坐在輪椅上不能自由行動的十四年裡，他至少讀了一千四百多本書，這些書為他帶來了很多新的想法，讓他深刻體驗到，即使受到如此打擊，自己的生活仍然可以是豐富而精采的。

每當有人問他，經過這麼多年，是否還覺得那次意外是個可怕的經歷，班都笑著回答：「一點也不可怕！現在，我很慶幸能有這麼獨特的經歷！」

班大量吸收資訊和閱讀的結果，讓他對政治產生了興趣，不僅努力研究公共問題，還坐著輪椅到處發表演說，成了最受歡迎的演講家。

在如此難熬的逆境，班．福特生卻更加積極地開創他的人生。

從憤恨、難過，無法承受命運的捉弄，到克服沮喪、不再抱怨，來自內心的醒悟，使得他從此有了全新的生活。

在現實生活裡，我們經常看見許多殘而不廢的成功人士，他們的生命力通常比四肢健全的人都要旺盛。他們常說，沒有什麼事比身體的殘缺更難過了，所以，他們比任何人了解生命的意義也更加珍惜生命的價值。

像是一些口足畫家，或是輪椅運動選手，從他們的堅毅臉上，我們絕對看不到退縮的神情。因爲，他們知道，只要能活著，再困難的險境都會是生命的動力，只要積極、不退縮，人生就沒有什麼是不可能的。

你的自信，一定會改變你的人生

成功當然沒有什麼了不起，只不過你必須恰巧擁有銳利的眼睛、敏捷的思維和無論發生什麼事都毫不猶豫的性格。——埃弗雷德·希區考克

用堅強的自信笑看人生

把苦難和折磨視為生活的一部分，以頑強的生命力面對突如其來的意外和坎坷，用堅強的自信笑看人生。

作家海明威曾經在名著《老人與海》裡勉勵我們：「只要你不計較得失，人生還有什麼不能想法子克服的？」

生活的磨難可以訓練你我的意志，讓我們的性格更加堅強，生命更有韌性。

只要心中充滿信心，沒有什麼能阻擋我們達到夢想的目標！

班納德是一位歷經各種人生風雨的德國人，一生跌跌撞撞，前後遭受了一百

五十多次苦難磨練，許多人都說他是這個世界上最倒楣也最堅強的老人。

在他出生的第十三個月時，不僅摔傷了脊椎，還跌斷了一隻腳。兒童時期，喜歡爬樹的班納德，則是不小心摔傷了手腳；後來，騎單車時，又被忽然颳起的一陣風吹倒，再次跌個四腳朝天，膝蓋還受了重傷。

到了十四歲時，有一大他在路上慢跑，跑著跑著竟然莫名其妙掉進了路旁的垃圾堆裡，還差點窒息。

又有一次，他好端端走在路上，竟然被一輛失控的汽車，把頭撞了一個大洞。還有一次，一輛垃圾車，在傾倒垃圾時，居然一不小心將他埋在下面。

更慘的是，有一次他在理髮店坐著等理髮師，沒想到又遇上一輛失控的汽車，衝撞進理髮店裡……

班納德曾經仔細算過，在最倒楣的一年裡，他竟然遭遇了十七次的重大意外事故。但令人驚訝的是，他依舊健康地活著，而且心中充滿了自信。他說，都歷經過一百五十多次的生命磨難了，還有什麼好怕的呢！

只要懂得轉換想法，心境就會產生微妙的改變。

對班納德而言，這些層出不窮的惡運都是磨練生活的最佳機會，他不僅愈挫愈勇，還把苦難和折磨視爲生活的一部分，以頑強的生命力面對突如其來的意外和坎坷，用堅強的自信笑看人生。

不管你是第一次遇上生活瓶頸的人，還是在不景氣中跌跌撞撞的人，學學班納德的生活態度吧！

你的自信，一定會改變你的人生

所有的比賽都會有人作弊，但是，如果你從來都不參加的話，就永遠不可能贏得勝利。

——美國作家羅伯特．海茵萊思

別人做得到的，你一定也能

別人能，你一定也能，只要你付出的跟別人一樣多，相同的目標、終點，很快地你也會到達。

作家湯瑪士．富勒曾經寫道：「自信是突破人生逆境的心靈燃料。」確實如此，一個缺乏自信的人永遠無法成就任何大事。

「別人能的，我一定也能」，一定要這樣充滿信心，鼓足勇氣，給自己多一些實現目標的動力，你就比別人多一些成功的保障。

有個出身奴隸階級，名叫狄斯雷利的英國男孩，經常充滿信心地對人說：「別人做得到的，我一樣也能！」

猶太裔的狄斯雷利，血管裡似乎真的流著猶太人頑強不屈的血液，從來不認為自己是個奴隸，更不認為自己將來會是社會底層的卑微人物。

他堅信，憑著自己的智慧、信心和努力，任何障礙他都能戰勝，並且成功跨越。就算整個世界都和他作對，他也會不斷用歷史名人的光輝業績來提醒自己：約瑟，是四千多年前埃及的最高主宰，丹尼爾則是在基督誕生前五世紀，成為世界上最偉大的帝國元首……

志向遠大的狄斯雷利，從小就堅持著自己的夢想，將努力實踐的企圖心，深深紮根於現實生活中。

他從社會的底層開始努力向上爬，一步步踏上中產階層的行列。後來，經過不懈的努力和奮鬥，終於讓他進入英國的上流社會，最後還登上進入了權力金字塔的頂峰，當了二十五年英國首相。

狄斯雷利通往成功的道路上，遇到的荊棘和坎坷，或面對的蔑視、嘲諷，以及後來眾議院裡的噓聲、唇罵，都要比別人多上一倍，但是，他都一一勇敢面對，也一一加以抵抗，一點也不讓這些屈辱阻擋他前進的腳步。

每當面對挑戰，他總是冷靜地回答說：「總有一天，你們會認識我的價值，總有一天，我的成功也一定會到來。」

後來，這樣的時刻真的到來了，這個曾經被許多人否定過的男孩，終於憑著智慧和信心出人頭地，而且還主宰了英國的政治整整四分之一個世紀。

思想家盧梭曾經寫道：「如果一個人打從心底就懼怕痛苦，懼怕困難，懼怕不測的事情，那麼他永遠也成就不了什麼大事。」

這句話告訴我們，假如一個人在內心充滿著「辦不到」、「不可能」的消極想法，那麼他最後就眞的會辦不到那些不可能的事情。

要像迪斯雷利說的：「別人能做到的，我一定也能！」

這樣的話語也經常出現在勵志語錄中，從出生開始，每個人的機會本來就站在平等線上，所有的差距，也都在於個人的努力與否。

別人能，你一定也能，只要你付出的跟別人一樣多，相同的目標、終點，很快地你也會到達。

如果你體力不如人，那麼你只要再多付出一些時間，增進自己的智慧和信心，堅持下去，你也能到達得標終點，拿到錦旗。

你的自信，一定會改變你的人生

在我們的周圍，總會有更富有和更成功的鄰居，競爭是健康的，你必須和他們進行良性的競爭。

——暢銷作家查爾斯·漢迪

試著把譏諷當作激勵

如果你想開創一番事業，就應該像斯泰雷一樣，試著把別人的嘲諷視為激勵，讓它成為逆境中前進的動力。

人在邁向成功的過程，所必須具備的堅毅特質，就是必須勇敢地去面對別人的譏笑與嘲諷。

因爲，譏刺的話語往往比刀劍還要銳利，會刺傷一個人的意志。

你聽過美國的玉米大王斯泰雷的故事嗎？

斯泰雷十六歲的時候，曾在一家公司當售貨員，當時，他的職位和薪水都很低，工作量卻十分龐大。

在他心中一直有個偉大的願望，那就是要成為一個不平凡的人。但是，每當他流露這種想法的時候，公司的老闆便譏笑他異想天開、不切實際。

有一天，他又被老闆狠狠地訓斥了一頓：「老實說，像你這種人，根本不配做生意，你啊，徒有一身力氣，卻一點腦袋也沒有，我勸你還是到鋼鐵工廠去當個工人吧！」

老闆這番尖酸刻薄的話語，嚴重刺傷了斯泰雷的自尊，因為，他自認做事一直都非常小心謹慎，工作態度也非常主動積極，因此被老闆這麼一激，不禁出言反擊。

他立刻對老闆反駁說：「老闆先生，你當然有權力將我辭退，但是，你不可能消滅我的信心。你說我沒有用，那是你說的，這一點也不會減損我的能力。你看著吧！有一天我會開一家比你大十倍的公司。」

老闆到這個年輕小伙子竟敢出言頂撞，而且說出這番「不知天高地厚」的話，當然嗤之以鼻，立即將他開除。

誰也料想不到，幾年後，斯泰雷真的憑著自己的智慧，創造了驚人的成就，成為全美著名的玉米大王。

普拉斯曾說：「樂觀的人，在每一次憂患中，都能看到一個機會，而悲觀的人，則在每個機會中都看到某種憂患。」

的確，如果你的想法積極，就算是身處地獄，你也會把它看成天堂，假若你擁有消極的想法，即使你身在天堂，你也會認爲是在地獄。

如果你想開創一番事業，就應該像斯泰雷一樣，試著把別人的嘲諷視爲激勵，讓它成爲逆境中前進的動力。

其實，我們一點也不必害怕被人責難，因爲，有時候責難並非全然沒有道理的，或許自己眞的有不足之處也說不定。

因此，當我們聽到別人的指責，應該虛心記取，仔細反省自己是否有所缺失，並努力修正。

反省之後，如果自認沒有任何缺失，或是錯誤不在自己，就把這些嘲諷和貶抑轉化成動力，不要被他人看扁，激勵自己一定要比對方強，千萬不要被幾句惡毒的話擊倒。

你的自信，一定會改變你的人生

我們身處的這個時代，最大的困擾是，馬路上到處都是路標，但是卻沒有告訴你如何才能到達目的地。

——幽默作家亨利．明茨伯格

用意志力創造奇蹟

如果在你身上從來沒有奇蹟出現，那麼只要你現在下定決心，貫徹始終去做好一件事情，奇蹟很快就會發生的。

人生的開始，是在你跨出的那第一步；奇蹟的發生，是在第一步跨出之後的堅持不懈。

只要你不放棄，跌倒了會再積極地站起來，就算必須重新開始，奇蹟仍會適時出現，陪你一起把不可能的任務完成。

美國醫學界曾經發生過一個令人難以置信的案例。

有個叫羅伯特的男孩出生的時候雙腳便瘸了，病因是先天性胯骨錯位。

醫生搖搖頭對他的父母說，他這一輩子是不可能站起來行走了。

當羅伯特慢慢長大，看見別人能自由自在地走路的時候，心裡非常羨慕，總是不斷地在心裡祈禱，請求上帝幫助自己：「我也要和別人一樣走路，我知道上帝很愛我的。」

終於，羅伯特六歲那年，扶著兩把椅子勉強站了起來，但是只要一跨出步伐，想試著走走，便立刻應聲倒地。

但羅伯特一點也不氣餒，不斷告訴自己：「羅伯特，如果你想站著走路，就不可以放棄。」

意志是一種神奇的力量。他不斷向上帝祈禱，也一次又一次地嘗試，最後居然移動了腳步。這時，羅伯特打從內心狂喜地尖叫了起來，高聲呼喊著：「我站起來了！我能走路了！」

家人全都跑了過來，驚訝得說不出話來，他的父母更是喜極而泣。

羅伯特不斷地嘗試走路，因為父母親的鼓勵和自己的毅力，後來終於能慢慢像鴨子般滑行。從此，他的生活變得非常快樂，生命充滿了活力和動力。

六十多年以後，有一天羅伯特發生了一場意外，造成左膝蓋受傷，隨即被送進醫院，並照了X光。

醫生吃驚地看著X光片，來到他的身旁，無法置信地問道：「你以前是怎麼走路的？」

因為X光片上顯示，羅伯特的臀部根本就沒有關節，也沒有大腿窩，如何能站起來？又如何能走路呢？

最不可思議的是，羅伯特竟然和平常人一樣活動了六十多年，經過醫生告知，才知道自己的臀部沒有關節和大腿窩！

世間的奇蹟無所不在，而且，往往只要充滿意志力，就會創造出凡人無法想像的奇蹟。

羅伯特的故事，正是意志力創造奇蹟的最佳例子。人的生命裡究竟有多少可能性？羅伯特的用行動回答我們：「人生充滿無限可能」。

如果在你身上從來沒有奇蹟出現，那麼只要你現在下定決心，貫徹始終去做好一件事情，奇蹟很快就會發生的。

人生的開始，是在你跨出的那第一步；奇蹟的發生，是在第一步跨出之後的堅持不懈。只要你不放棄，跌倒了會再積極地站起來，就算必須重新開始，奇蹟仍會適時出現，陪你一起把不可能的任務完成。

你的自信，一定會改變你的人生

你無法經由按兵不動的防守策略在世上佔有一席之地，你得藉由攻擊別人並且讓自己熟悉這項技能，方能屹立不搖。

——蕭伯納

你就是自己最有力的貴人

試著在痛苦或不堪的時候，對著鏡裡的自己反省，為什麼自己會變成這副模樣？相信更能疏通自己的負面思緒，建立起自信心。

人生起伏不定，不管順境或是逆境，都是自己的人生。面對困境，有很多唾手可得的解決方法，至於能不能醒悟，其實在於你面對事情與生活的態度。

工廠宣告倒閉後，查理失去了所有財富，成了一個名副其實的窮光蛋，不得不四處流浪，過著乞討的生活。

每天心情都非常沮喪的查理，一直無法面對這個殘酷的事實，好幾度都想自殺。直到有一天，他遇見了一位牧師，人生才有了轉變。

查理一把鼻涕一把眼淚地哭訴著，將自己如何破產、如今流浪的事情，從頭到尾細細地說了一遍，然後請牧師指點，如何才能東山再起。

牧師望著他，沉默了一會兒才說：「我非常同情你的遭遇，我也很希望能夠幫助你，但是，很對不起，我實在無能為力。」

查理的希望像泡沫一樣，突然間全部幻滅，看著牧師喃喃說道：「難道我真的沒有出路了嗎？」

牧師思考了一下說：「我雖然沒能力幫你，但我可以介紹你去見一個人，相信他一定可以協助你東山再起。」

「這個人是誰？他真的有能力幫我？」查理有點懷疑地問。

於是，牧師帶著查理來到一面大鏡子前，用手指著鏡子說：「我要介紹的人就是他，全世界只有這個人能使你東山再起，所以，只要你好好認識這個人，然後下定決心去做，你就一定會成功。」

查理往前走了幾步，愣愣地望著鏡子裡的自己，他用手摸著長滿鬍鬚的臉，望著頹廢的神色中那對帶著迷惘無助的雙眸，不禁啜泣了起來。

第二天，查理又來見牧師，不同的是，這一天他幾乎換了一個人似的，不僅步伐輕快有力，雙目更是堅定有神。

他對牧師說：「我終於知道我該怎麼做了，謝謝您，是您讓我重新認識了自己，今天我找到了一份不錯的工作，相信這會是我成功的開始。」

遇到問題，許多人只會宣洩負面的情緒，讓自己的腦海充滿悲觀、消極的想法，卻不去正視問題。

於是，再次遇上相同的困難的，情緒便比上一次更加猛烈，問題的糾結便卡在心中，無法開解之餘，便會成爲憂鬱症患者，或是淪爲逃避現實的流浪漢，甚至想要以自殺的方式了結自己的生命。

就像故事中牧師教導查理的，試著在痛苦或不堪的時候，對著鏡裡的自己反省，爲什麼自己會變成這副模樣？

解鈴還須繫鈴人，面對面問自己，或直指自己的不是，相信更能疏通自己的負面思緒，建立起自信心。

唯有認識鏡中的自己，你才能爲自己指明一條嶄新的人生大道。

你的自信，一定會改變你的人生

無形的東西：信心和態度，才是成功的決定性因素，因此，你必須先學會控制這些東西。

——航空公司執行長赫伯·凱萊爾

逆境，正是通往成功的階梯

人生是自己的，唯有你才能掌控自己的命運，只要肯努力，
我們所跨出的每一個步伐，一定都能邁向成功的目標。

每個人身上都有兩種力量，一種是向上躍昇的創造力，使人面對逆境的時候，仍然咬緊牙關勇往直前。

另一種則是向下拖陷的破壞力，使人遭遇困境時放棄自己，墮落成一個可有可無的卑微人物。

美國總統亨利・威爾遜，出生在一個很貧困的家庭。

雖然，他的父母親都非常努力的工作，但一家人的生活，卻總是處在衣食匱乏的情況下。

十歲的時候，威爾遜離開了家鄉，到外地當了十一年的學徒。在當學徒的期間，每年他只有一個月的時間可以上課學習，儘管機會不多，但每一次學習的機會他都非常珍惜、努力。

經歷了十一年的學徒生活後，在他離職前，老闆送了一頭牛和六隻綿羊給他，作為十一年來的報酬，後來威爾遜便把牠們換成八十四塊美元。

威爾遜把每一塊錢都存了下來，從來沒有花費任何一毛錢享樂。對他而言，生活像是拖著疲憊的腳步，在漫無盡頭的崎嶇山路上行走，但是他知道，只要自己肯努力，總有苦盡甘來的一天。

二十一歲時，威爾遜帶領著一隊伐木工人，來到人跡罕至的森林裡，替業主砍伐樹木。每天清晨，他都得在第一道曙光出現之前來到樹林，然後勤奮地工作到天黑為止。

如此日以繼夜地辛苦工作，他總共才獲得了六塊美元的微薄報酬，但這對他

來說，已經是一筆大數目了。

在這麼窮困的環境中，威爾遜從不灰心洩氣，他下定決心，絕對不讓任何學習或提升自我的機會溜走，因此，所有零碎的時間都被他化整為零，緊緊捉住。一有時間，他便不斷地充實自己，提升自己的能力，隨時準備迎接即將出現的任何機會。

生活的種種痛苦與磨難，是人生擺脫貧窮，走向富足的契機。

逆境對威爾遜而言，正是他成功的階梯，生活再艱困，都無法阻擋他掌握自己命運的信心，因此，他珍惜自己靠勞力賺來的微薄金錢，也懂得運用寶貴時間努力充實自己。

威爾遜從窮家子弟爬升到總統的位置，無疑告訴我們：人生是自己的，唯有你才能掌控自己的命運，只要肯努力，我們所跨出的每一個步伐，一定都能邁向成功的目標。

作家戴特立曾經寫道：「把黃昏當成黎明，時間就會源源而來，把吃苦當作吃補，成功就會不斷湧現。」

一步一步往自己設定的目標前進，如此，每一步都能創造奇蹟！

不要畏懼前面的道路有什麼艱難，多給自己多一點信心和勇氣，展開實際行動，永遠比一大堆紙上作業重要。

你的自信，一定會改變你的人生

競爭的優勢並不在於你能做別人已經做得很好的事情，而是你能做別人做不了的事情。

——經濟學家約翰·凱

別當「沒出息」的紳士

成功沒有捷徑，老是好高騖遠，只想一步登天的人，永遠也沒有成功的機會。

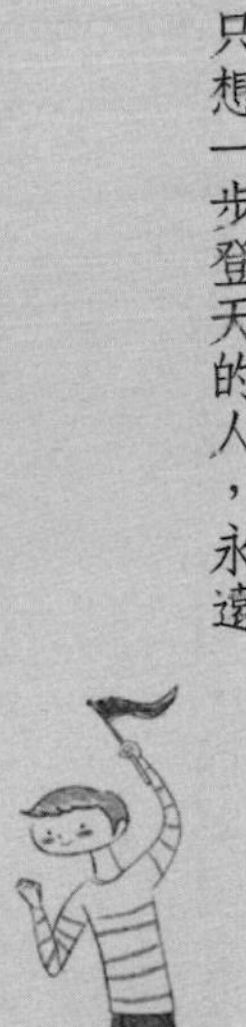

不可否認的，成功或是致富，有時候真的需要一點運氣，但是，運氣是毫不講道理的東西嗎？運氣會無緣無故從天上掉下來嗎？

不是的，運氣其實有一定的規律可循，而且通常都是我們可以掌握的，運氣就在一個人的積極行動當中。

有兩個年輕人大學畢業後偕伴一起去找工作，其中一個是英國人，另一個是猶太人。

他們懷抱著成功的希望，決心要找到適合自己發展的工作機會。

有一天，他們一起走在街上，同時看到地上有一枚硬幣，英國青年看也不看地就踩了過去，而猶太青年卻立即彎腰將它撿了起來。

英國青年看見猶太青年的這個舉動，不禁露出鄙夷的神情：「你們猶太人連一枚硬幣也撿，真沒出息！」

但是，猶太青年看著英國青年的背影，心裡卻這麼想：「你們英國人真沒出息，竟然故作瀟灑，讓錢白白從身邊溜走！」

接著，他們同時來到一家公司應徵，這間公司規模很小，工作量卻很大，更糟糕的是資薪很低。這個英國青年不屑一顧地便走了，而猶太青年卻在評估之後開心地選擇留下。

兩年後，這兩個人在街上重逢，猶太青年已經成了老闆，而英國青年卻還在尋找工作。

英國青年帶著妒意，完全無法理解，還忿忿不平地說：「像你這麼沒出息的

人，怎麼能這麼快就發達了？」

猶太青年回答說：「因為，我不像你那樣硬要擺出紳士模樣，也不會毫不在乎地從一枚硬幣上走過去，每一分錢我都非常珍惜，就算只是一個硬幣。像你這樣連一枚硬幣都不要，又怎麼會發財呢？」

我們身處的是一個知識經濟的年代，也是一個優勢競爭的年代，僅僅擁有知識和想法是不夠的，那只會讓你架構出懸浮在雲端的空中之城。

就算你擁有超越別人的知識和獨特的想法，也必須腳踏實地，積極爲自己創造機會，才能創造屬於自己的快「億」人生。

英國青年並非不在乎錢，只是眼睛總盯著大錢，對小錢棄如敝屣，忘了大錢是從小錢累積出來的，所以眼中的大錢永遠在天邊，永遠摸不著邊。

英國青年的問題，正是現代人們的通病，他們多數不是爲了追求永久的財富，而是只顧眼前利益。

他們很愛錢，但是也同時忽略了「聚沙成塔」的富翁守則。

猶太青年深諳此理，所以他能看見永久的財富，知道很多大老闆也是從掃地工開始，再多的財富都是從一塊錢開始累積。

成功沒有捷徑，老是好高騖遠，只想一步登天的人，通常沒有什麼智慧，這種人鄙視眼前的機會，永遠也沒有成功的機會。

你的自信，一定會改變你的人生

只有具備真才實學，既了解自己的力量，又善於適當而謹慎地使用自己力量的人，才能在世俗事務中獲得成功。

——歌德

2.

PART

再失意，也別失去意志力

生命的活力與生活的積極，
才是人生的真正意義。
不管人生再怎麼失意，
也別讓自己失去自主的生活能力。

別提前宣判自己死刑

看一看外面的世界，你會發現，原來有人比你更加悲慘，但他們都能走過來了，你又有何不能？

身陷逆境的時候，別提前宣判自己死刑。

應該讓自己的心境保持平靜，讓自己的頭腦保持清醒，如此才不會被負面情緒侵噬，也才能看清成功的機會，不致於淪爲卑微猥瑣的人。

一個又一個接踵而至的意外，令波特遭受到前所未有的打擊，由他一手創辦的工廠，最後也宣告破產了。窮困潦倒的波特不但身無分文，還欠了一屁股債，

更現實的是，自從陷入困境以後，許多朋友都紛紛離他遠去。

一直把事業視為生命的波特，覺得人生所有的希望都破滅了，對於生活也失去了動力。心灰意冷的他，決定要以死亡做為了結。但是，在結束一切之前，他卻想完成一趟旅遊。

選定自殺日期後，波特便開始了這趟「自殺之旅」。然而，當他來到薩倫船船博物館參觀時，忽然從灰暗的情緒中醒悟，決定放棄自殺的念頭。

為什麼會有這麼大的轉變呢？

原來，波特在船舶博物館裡，看到一艘外殼凹凸不平、船體完全變形的帆船，心中產生了激勵作用。

他讀著一旁的解說文字，才明瞭這是一艘屬於荷蘭福勒船舶公司的帆船，它在一八九四年下水後，不僅在大西洋上經歷了一百三十八次的冰山撞擊，還觸礁了一百一十六次，而且還曾經著火十三次，遇上二十七次的暴風雨。

雖然，它經歷了這麼多不可思議的險境，但卻沒有沉沒，依然呈現在人們的眼前，展示它另一番生命的韌性。

仔細讀著這些紀錄，波特的心中激起了振奮，他對自己說：「生活本來就會遇到許多意想不到的災難，我才剛遇到人生的第一趟災難，怎麼能這麼快就被擊垮了？我一定要堅持下去，重新再站起來，我一定能再創成功的奇蹟！」

回到家後，波特重振旗鼓，開始嶄新的人生與事業。

幾年後，波特面對卓然有成的工廠，感性地對著旗下上千名員工說：「人生就像大海中航行的船，難免會遇到風浪，只要我們能在逆境中堅持，不斷開拓前進，成功一定是我們的。」

沒有什麼事比動不動就要自殺更加愚蠢的了。

每個人的生命旅程都會遭遇困境，遇到難題時，只知道坐以待斃，不肯找出解決的方法，這是最不值得同情的行爲。

自殺，充其量只是一種逃避行爲，完全不是解決的方法。

近來，許多人因爲失業，因爲生活的壓力，紛紛把自己與世隔離，自陷於封閉思維中，或是親手掐著自己的脖子，卻又露出哀求的眼神，要別人爲他解開。

但是，自己都不肯幫自己了，旁觀者要怎麼幫忙？

就算有人伸出援手，但是，架在脖子上的雙手，往往越掐越緊。

天助自助者，當你悶得透不過氣時，出去走走吧！

看一看外面的世界，你會發現，原來有人比你更加悲慘，但他們都能走過來了，你又有何不能？

你的自信，一定會改變你的人生

要衷心感謝那些挑剔、苛求、喜歡問些尷尬問題的顧客們，因為，他們會使我們更努力。

——戴爾電腦創辦人戴爾

再失意，也別失去意志力

生命的活力與生活的積極，才是人生的真正意義。不管人生再怎麼失意，也別讓自己失去自主的生活能力。

大多數人在失意時，最容易迷失自己。既失去了堅強的意志，也早早放棄了自己，更會對周遭的事物漠不關心，即便是地上的小圖釘扎到了腳，他們恐怕一點感覺也沒有吧！

失業中的賈庫·拉裴薩托，為了想儘快找到養家活口的工作，每天都非常辛苦地四處奔走。這天，賈庫鼓起勇氣來到一家銀行，詢問是否有工作機會，但接

待人員的態度非常冷淡，看了看賈庫帶來的個人資料後，什麼話也沒說，就叫他離開接待室。

賈庫心想，希望恐怕又要落空了，已經找工作找得心灰意冷的他，只好失魂落魄地朝著銀行大門走去。當他準備跨出大門時，發現有枚大頭針正好掉落在地上，覺得這對進出的人員很危險，於是，立即彎下腰把大頭針撿了起來，並隨手將它丟進了垃圾桶，這才帶著黯然的神情離開。

但是，賈庫萬萬沒有想到，當他彎腰拾起大頭針時，正巧被剛進門的銀行董事長看見了。董事長心想，這麼細心的人非常適合當銀行職員，當他從接待人員那裡得知，這個年輕人是來求職的之後，決定破例錄用賈庫。

當賈庫收到銀行的錄取通知書時，還不敢相信這是真的。

開心的賈庫進入金融界後，非常忠於職守，工作仔細而認真，也深得上司的賞識。過了幾年，這個出身低微的小職員，還坐上了銀行總裁的寶座。

或許你會認爲，彎個腰撿起地上的大頭針這樣的小動作，只不過是體貼別人的行為，並不算什麼實力或特殊能力，賈庫又有什麼值得大書特書的呢？

賈庫值得讚許是因為，即使人生再失意，他也沒有讓自己失去自主的生活能力，他仍然能看見生活裡的小細節，懂得關懷別人，彎腰這個小動作所表現出來的，正是他堅強的意志力。

生命的活力與生活的積極，才是人生的眞正意義，如果你連小小的大頭針也懶得彎腰拾起，或視而不見的話，又如何能將自己規劃好的未來，仔細且按部就班地實現呢？

你的自信，一定會改變你的人生

我們之所以會擁有這麼多東西，是因為我們經常拋棄舊事物，藉由汰舊換新，讓我們得以享受更好的生活品質。

——企業家A．史隆

換個角度，就能找到出路

如果眼前的直線思路已經出現阻礙，那麼我們何不逆向搜尋？也許就在我們回頭的同時，便看見突破解決的出口。

作家尼克勞斯曾經寫道：「心無罣礙，才能讓自己海闊天空。」

活在現實功利的社會中，人的煩惱越來越多，執著越來越深重，心胸也跟著越來越狹隘，不少人都感慨日子越來越難過。

事實上，只要我們願意放開心胸，用不同的眼光看待事情，換不同的做法解決問題，日子要過得自在，其實並沒那麼困難。

障礙，往往來自心中出現罣礙。當我們面對人生的各項難題時，只要先掃除心中的罣礙，那麼所有擋在眼前的絆腳石，都會成爲人生道路的墊腳石。

作家萊辛曾經寫道：「我們之所以徬徨和無助，多半是因為我們遭遇困難的時候，不知道改變觀看事情的角度。」

每個人的生活都難免遭遇困境，然而，所謂的困境，很多時候並不是無法跨越的絕境，而是我們一味誇大問題的嚴重性，不願意試著從不同的角度思考，自然找不到出路。眼前的困境，不論是鐵打鋼鑄的也好，還是用荊棘編成的也罷，只要你願意動動腦，就一定能解決煩惱。

給自己多一點思考空間，學會逆向的思考，我們才能及時打破僵局，爲自己創造一次又一次的成功奇蹟！

微風在南美洲的草原上拂過，因為正值初秋，草原上看起來像似一片金黃色的海洋，十分美麗壯觀。

在這片草原上，有一群旅客特地結伴來到這裡，準備好好地享受如斯美景，只見他們在草地上盡情歌唱嬉戲，好不熱鬧！

突然，一陣驚呼聲打破了此刻的愜意氣氛。

「不好了！」

歡樂的歌聲乍然停止，他們立即尋著這個驚恐的呼叫聲望去。

「失火了！」

就在他們的身後，有一團火正朝著他們直撲而來，在秋風的助長下，這團火也越燒越旺，這時所有人立即逃散開來。

只是沒想到，在這煙霧迷漫中，他們全失去了方向，望著即將侵襲到他們身邊的火焰，有人忍不住哭嚎了起來：「完了！我們要被燒死了！」

就在絕望聲此起彼落中，忽然有個老獵人出現在他們的面前，安撫這群遊客們說：「你們別再跑了，現在你們聽我的命令，開始拔掉這一片乾草，並清出一塊沒有乾草的空間。」

著急的遊客們聽見老人家這麼說，也顧不及是否有效，立即拼了命地拔草，一下子便清出了一塊很大面積的空間。

「接下來，你們聽著我的指令移動腳步。」老獵人說。

這時，火焰朝空地的北端靠近，老獵人立即叫他們到空地的南端，而他自己則跑到空地的北端，並將拔下來的草堆搬向北邊去。

熊熊大火似乎沒有熄滅的可能，因此，有人恐慌地問老獵人：「如果火燒了進來怎麼辦？」

老獵人笑著說：「別急，我有辦法！」

很快地，大火便靠近了老獵人，只見他將堆放在北邊的乾草點燃，接著，竟發生了一個神奇的景象，有人不禁大呼：「啊！乾草怎麼會逆著風，朝著大火的方向燒去呢？」

只見兩個不同方向的火勢，很快地便相遇了，令人感到不可思議的是，當兩方相遇時，竟出現互相排抵的情況，兩方的火勢竟然都慢慢地變小了，最後則熄滅了。

他們吃驚地問老獵人到底用了什麼魔法。

老獵人吐了口氣，笑著說：「這只是一個小小的原理，烈火上方的空氣遇熱後會變輕，接著便產生上升氣流，而周圍的冷空氣這時會被迫遞補上去，所以在

大火的附近會有迎向火焰流動的氣流。於是，我便趁著大火接近北面時，將另一個草堆點燃，令這邊的火朝著風的反方向開始蔓延，最後因在兩方各自拉聚冷空氣的情況下，兩股火勢中間的空氣便已燒盡，再也沒有助燃的乾草和氧氣，火自然也慢慢地熄滅了。」

盧卡斯曾說：「一個人的心有多寬，路就會有多寬。」

心境決定一個人的處境，眼界決定一個人的世界。當我們認爲自己窒礙難行的時候，只要放寬心胸重新看待，視野就會變得寬闊，即使面臨「山窮水盡疑無路」的困境，也會看出「柳暗花明又一村」的前景。

沉著的老獵人從大自然的原理中，發現「以火滅火」的解決方法，也帶出了生活思考的多元性——不是只有水和土才能消滅烈火，萬物身上皆有其必然存在的弱點，只要我們能夠適時找出可以攻破的漏洞，那麼熊熊烈火也能阻擋火苗燃燒。

習慣以正向思考的人，比較不會從逆向去探討，因而他們平常尋求解決的方法，也往往充滿了僵化的思考模式。就像故事中的情況，大多數人會堅持著「水能滅火」的常理，怎麼也想不到「用火滅火」的可能，而這也經常是我們習慣正向思考的盲點。

不論面對什麼樣的問題，我們都要多轉幾個角度去思考，如果眼前的直線思路已經出現阻礙，那麼我們何不逆向搜尋？也許就在我們回頭的同時，便看見突破解決的出口。

或許，有人會質疑：那豈不是要多走兩步路了。

那又何妨，只要能讓問題重現生機，再多走兩路也值得！

試著去做不喜歡的事

詩人朗費羅在《生命頌》裡寫道：「讓我們充滿樂觀的心情吧，憑著面對任何命運的心胸，不斷地進取，不斷地追求，學習苦幹和等候。」

人對現實環境的憎惡，往往會使自己內心充滿劇烈的痛苦，然而，現實環境如果無法改變，又無法迴避，我們只能選擇勇敢地面對那些令人不快的人、事、物。

阿拉伯有句諺語說：「為了玫瑰，也要給刺澆水。」

眼前的生活，或許是你不願意面對的，但是，如果你不能暫時忍受那些扎在心頭的芒刺，甚至，將那些芒刺化爲刺激自己前進的動力，又如何爲自己博得一座可以悠遊一輩子的心靈花園呢？

美國名作家海利．福士笛曾經述說，他在十五歲時發生的一件小事情讓他難以忘懷。

有一天早上，他的父親要到街上去，出門之時鄭重地對他的母親說道：「妳記得告訴海利，如果他喜歡的話，今天早上不妨將院子裡的那些雜草割一割。」父親說完之後，走了幾步，又回頭補充說：「告訴海利，他最好試著去喜歡這項工作。」

父親的這番話既是命令，也是勸告——無論如何，海利．福士笛都必須到院子裡割除雜草，與其哭喪著臉去工作，倒不如歡歡喜喜地去履行這項命令。海利．福士笛遵照父親吩咐，試著用愉快的心情，做了一件他原本不喜歡做的勞動。海利．福士笛回憶說，這件事對他極有幫助，父親的這句忠告不時在他腦海中縈繞。

從此以後，不管做功課或是工作，他都牢牢記住父親的那句忠告：「最好試

著去喜歡」。

他原本很討厭寫作，但父親的忠告幫助了他，他試著去喜歡寫作，終於獲得了非凡的成就。

有位哲人曾說過：「每天要做兩樣我們所不喜歡做的事，這是對自己最好的訓練。」

世界上眞正令我們稱心如意的事情實在不多，所以，我們更應當學習適應逆境，如此人生才更有意義。

美國著名的詩人朗費羅在他的詩集《生命頌》裡曾經如此寫道：「讓我們充滿樂觀的心情吧，憑著面對任何命運的心胸，不斷地進取，不斷地追求，學習苦幹和等候。」

有時候，以愉悅的心情，試著去做自己不喜歡的事。這種心境的轉變，會讓你獲得意想不到的成功，就像海利．福士笛從一個討厭的年輕人，變成知名的作家一樣。

要有快刀斬亂麻的決斷力

英國哲學家羅素說：「假使人們在決定一些瑣事上，不要浪費太多的時間的話，那麼，他們一定能完成更多的事情。」

人生在世，一定要有快刀斬亂麻的決斷力，何必非得吹毛求疵，要求自己把每一件事情都做得盡善盡美？

對於一些無關緊要的生活細事，最快的決定就是最好的決定，人應該把寶貴的時間用在最值得花費的地方。

國際級大導演朱徹菲．亨利成名之前，在百老匯的舞台劇擔任換布景的角色，

後來靠著自己的努力與決斷，一路晉升到第一流的電影導演。

他曾經說過一則發生在自己身上的趣事，提醒後輩必須注意「當機立斷」的重要性。

朱徹菲．亨利小時候，有一天祖母想要替他訂做一雙皮鞋，便與沖沖地帶著他前去一家皮鞋店。

當時，製鞋工業還不發達，一切必須仰賴手工，皮鞋店裡只有兩種款式供他選擇——一種是圓頭的，另一種是方頭的。朱徹菲．亨利對於自己究竟想要什麼款式的皮鞋舉棋不定，為了款式的問題，幾乎每天都到店裡去，但是每次都無法下定決心。

但是，當他猶豫不決的時候，這個性急的鞋匠已經迫不及待地開始動手了。由於他躊躇得太久，等到他終於做好決定之時，鞋匠已經把鞋子做好了——一隻是圓頭的，另一隻卻是方頭的。

朱徹菲．亨利回憶說，這雙令人哭笑不得的滑稽鞋子，他穿了很久，直到不能穿為止。

後來，每當他感到猶豫不決的時候，就會想起這件事，提醒自己無論如何都要當機立斷。

英國哲學家羅素說：「假使人們在決定一些瑣事上，不要浪費太多的時間的話，那麼，他們一定能完成更多的事情。人往往因為拼命想把每一件小事都做得完美無瑕，因此在大事上總是一事無成。」

的確，我們往往把太多的時間浪費在決定一些可有可無的瑣事上，對於小事舉棋不定的結果，就是沒有時間去完成最應該做的大事。

敏捷的決定，通常會比曠日費時的反覆思考更爲正確，如果你對某事考慮過久的話，那麼偏見和一些不可捉摸的成見，將會把你導入歧途。我們常常可以見到，喜歡花很多時間來考慮問題的人，如果不是缺乏行動力，便是盡做一些愚蠢而不切實際的行動。

許多自認爲謹慎、追求完美的人，總是反反覆覆地爲一些瑣事浪費時間，往往連可以立即做出決定的事也要拖上好幾天，其實是消磨自己的時間、精力而不自知。

最敏捷的決定，往往就是明智的決定，考慮再三只會讓你一事無成。想要成就一番志業，就必須懂得當機立斷。

你的自信，一定會改變你的人生

你們不能用思想移開路上的石頭，什麼事都不做的人，當然不會得到什麼結果。

——俄國作家高爾基

依賴工具，不如腳踏實地

著名的投資理財專家E．葛瑞斯曾經說：「現代人總是在比賽如何快速汰換過時的機器，卻從來不願意設法更新自己的腦袋。」

作家史塔克曾經這麼說：「所有我們遭遇的挫折，其實都是帶領突破人生困境的重要轉折。」

在生命歷練的過程中不可能沒有創傷，人生也不可能永遠都是康莊大道，應該以積極的心態面對生命中的各種挫折，它們才可能變成人生的轉折。

千萬別因爲外在條件的欠缺，而否定自身的能力和向上發展的可能。人最重要的，不是追求形式上的虛榮，而是擁有一顆解決困難的腦袋和腳踏實地的努力精神。

面對全球不景氣，每個人都想找一份穩定的工作，想到大公司任職的人更是擠破了頭。

曾經有一次，微軟公司刊登廣告徵求清潔工，失業了一年多的伊格爾也前去碰碰機會。

經過層層口試、面試，以及打掃等實際考核之後，伊格爾好不容易才從數千名應徵者當中脫穎而出。人事部門在告知他這項消息時，請他留下 e-mail 信箱，以便傳送錄取通知和其他相關文件。

累得滿頭大汗的伊格爾頓時顯得尷尬地回答：「可是……我沒有個人電腦，也沒有 e-mail。」

這個時代竟然還有人沒有 e-mail？人事部門的人聽了相當驚訝，語帶歉意地告訴他：「對微軟來說，沒有 e-mail 的人，就等於是不存在的人，所以很抱歉，我們無法錄用你。」

在考核過程中努力打掃的伊格爾，雖然感到相當失望，但也只能無奈地走出微軟公司。這時，他的口袋裡只剩下十美元，眼看過完今天，明天就要斷糧了，必須趕快想辦法克服生活的窘境。

但是，伊格爾只是個勞工，教育程度不高，在現實環境逼迫下，他只好採取最原始的賺錢方法。

他搭便車到了郊區，走進一戶農家，把身上僅有的十美元全部買了馬鈴薯，然後請好心的農場主人開車送他回到城裡，接著開始在住家附近挨家挨戶兜售馬鈴薯。

兩天之後，伊格爾終於賣光了所有的馬鈴薯，而且算一算，居然還賺了六十美元。

有了這次寶貴的成功經驗，伊格爾不禁信心大增，相信只要肯腳踏實地努力，就一定可以走出自己的道路。

於是，他更加認真地繼續做著類似的生意，不但掙錢養活自己，而且也累積一筆資金。

努力會創造運氣，誠懇實在的作風使得伊格爾的生意越做越大，五年之後，他建立了龐大的「宅配服務公司」，不僅擁有數十部貨車，還聘請了幾十名員工，一起從事新鮮蔬果配送服務。

當然，這時候，為了拓展業務和加強服務品質，他不但有e-mail，也架設了服務網站，以便收發來自各地的訂單和吸收最新資訊。

著名的投資理財專家E．葛瑞斯曾說：「現代人總是在比賽如何快速汰換過時的機器，卻從來不願意設法更新自己的腦袋。」

的確，很多人都誤以爲如果自己擁有了某些先進的工具，就代表著比別人更成功，能夠獲得更多的收入，因此汲汲於追求工具而忽略了提昇自己的競爭力。其實，這是本末倒置的錯誤想法。

因爲，工具本身不會思考，只會按照你的指令執行任務，最重要的作用只是在於協助自己增進工作效率，它無法使人變得更聰明，如果你一點都不想增進自己的智慧的話。

就像故事中的伊格爾，如果當初他擁有 e-mail 的話，或許可以僥倖地獲得一份工作，但是，如果不設法自我提昇，恐怕到現在還會是微軟公司的清潔工，絕不可能開創出自己的一番事業。

你的自信，一定會改變你的人生

蠢人的最大特徵是，他們常常相信，只要讓兩隻恐龍交配，同樣能夠生出一隻小羚羊。而且，這種蠢人在企業界特別多。

——管理學家湯姆．彼得斯

何必聯合敵人攻擊自己？

艾汀登．格魯斯說：「充滿自信的人，總是會對自己和他所接觸的人群，產生磁鐵一樣的影響力。」

人的精神煎熬往往來自於缺乏自信心。

在缺乏自信的狀態下，一旦知道自己的競爭對手是赫赫有名的明星級人士時，更會無端產生緊張畏懼的心理，認爲自己只不過是別人獲得掌聲的陪襯，根本毫無勝算可言。

著名的巴西球王比利縱橫球場的精采表現，至今仍在許多足球迷腦海留下深刻印象，但是，他在回憶自己的足球生涯時卻透露，年輕時候的他雖然擁有不錯的球技，卻嚴重缺乏信心。

比利說，當他得知自己被巴西最有名氣的桑托斯足球隊選上，進入職業球壇的美夢成真時，興奮之餘竟然焦慮得好幾個晚上無法成眠。

夜晚的時候，他總是躺在床上輾轉反側，胡思亂想著自己在球場上可能會遭遇的挫敗情景：「我上場之後，那些著名的足球明星們一定會嘲弄我，故意找機會給我難堪，萬一全場的觀眾對我發出噓聲，我哪有臉回來見家人和朋友？」

想著想著，他開始恐懼了：「那些足球明星為了要更加突顯自己，一定會使出絕妙的球技，把我當作戲弄的對象，我一定會被當成白癡，被他們耍得團團轉……」

懷著緊張恐懼的心情到桑托斯足球隊報到後，濃厚的自卑感依舊讓比利患得患失，陷入負面的想像無法自拔，認為自己絕對無法和那些自己敬佩的足球明星同台較量。

經過幾次練習之後，比利才稍微寬心地以為，像他這樣的新進球員在正式比賽中，肯定會坐冷板凳。誰知道球賽正式開始時，教練竟然將他排入先發球員名單，而且讓他踢主力中鋒。比利誇張地形容：「聽到這個消息，我嚇得差點全身癱瘓。」

比賽開始之後，比利仍舊緊張得全身不聽使喚，在接球、盤球和傳球時發生了幾次失誤。

但是過了幾分鐘，他開始習慣比賽節奏和場邊的吶喊聲，邁開雙腿飛速奔跑起來，漸漸發揮了自己的實力。在比賽快要結束時，他終於使出一記「倒掛金鉤」，為球隊攻下致勝的一分，滿場響起如雷的掌聲。

艾汀登．格魯斯說：「充滿自信的人，總是會對自己和他所接觸的人群，產生像磁鐵一樣神奇的影響力。」

就像比利一樣，大多數人之所以會產生緊張和自卑心理，癥結在於不相信自己的能力，不相信自己可以做得比別人好，滿腦子想著自己必定會遭遇失敗，失敗之後別人會如何幸災樂禍。這種負面心理正如同聯合敵人攻擊自己，怎麼能奢望僥倖獲得成功呢？

自卑的心理會壓抑一個人的天賦和自由自在的創造力，只有保持泰然自若的心態，相信自己，才能發揮超強的實力戰勝對手。

千萬要記住：如果你不輕視自己的話，那麼，就沒有人敢輕視你。

你的自信，一定會改變你的人生

凡事必須要有勇氣和決斷，因為勝利並不是站在智慧的一方，而是站在自信的一方。

——拿破崙

多用心理力量鼓勵自己

法國哲學家沙特在《存在主義與人道主義》中說：「只有當人成為他所打算成為的東西之時，他才是真正存在著。」

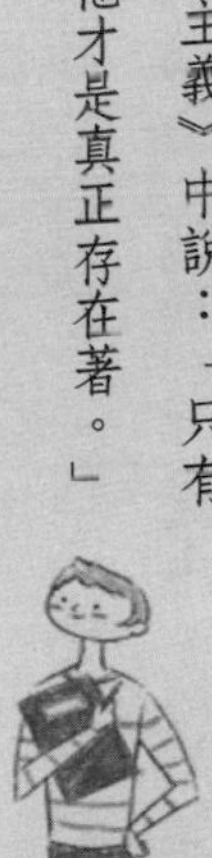

據說，人終其一生所使用的大腦面積最多不會超過三分之二。這表示人類的內在蘊藏著無限的可能，可惜的是，人很容易忽略或不相信自己的能力，因此無緣去使用其餘的三分之一。

如果自己的內心老是貶低自己，總是想像著最壞的情形會發生在自己身上，而不願積極開發自己的潛能，那麼結果不但會跟你自己想像的一樣壞，甚至還可能更糟。

古時候，有個國王生性非常殘忍，每當要處決死刑犯時，總要絞盡腦汁想一些新的花招來滿足自己的嗜血癖好。

有一次，一個死刑犯即將被處死，這個國王又想出了一個殘酷的方法，並且故意透露行刑的方式是在死刑犯手臂上割一大道傷口，然後讓他全身的血液流盡而死。這個犯人聽到消息之後內心十分恐懼，可是，不管他如何聲淚俱下地苦苦哀求，國王還是不願改變行刑的方式。

第二天清晨，死刑犯胡亂吃完最後的早餐，便被帶到一個精心設計的房間。房間有一面牆上，牆上鑿了個小洞，剛好可以容納一條手臂穿過。

劊子手把死刑犯銬鎖在牆上，讓他的一隻手從小洞中穿過，然後走到牆的另一邊，用刀子在他的手臂上割了一刀，並且在下面放了一個瓦罐來盛裝血液。

死刑犯聽到自己的血液「滴嗒」、「滴嗒」地滴到瓦罐中，開始覺得似乎全身的血都經由那條手臂流出，而且越來越快速地流失。

沒過多久，死刑犯的意志逐漸消失，最後終於無力地垂下手臂死了。此時，一直在一旁冷眼旁觀的國王，不禁發出既得意而又殘酷的笑聲……

國王為何這麼得意地笑呢？

原來，這個犯人手上根本就沒有傷口，劊子手只不過用刀背假裝在他手上用力劃了一刀，然後在旁邊的桌子上放了一個水瓶，讓水瓶中的水發出「滴嗒」、「滴嗒」的聲音。

但是，這種強烈的心理暗示，卻讓犯人自己殺死了自己。

法國哲學家沙特在《存在主義與人道主義》中說：「只有當人成為他所打算成為的東西之時，他才是真正存在著。」

故事中的國王固然殘酷，但是，死刑犯之所以會死於非命，難道不是由於自己不斷在內心灌輸負面的想像嗎？

我們常常透過媒體報導，見到許許多多曾經遭遇困境但最後終於獲得成功的人士。這些人士的共通特質都是「相信自己」；正因爲相信自己一定做得到，所以不管經歷過多少次失敗的打擊仍然毫不退縮，這正是心理力量的積極展現。

因此，只要善用自己的心理力量，不斷地鼓勵自己，那麼無論遇到任何困難，都無法打敗你。可千萬別像故事中的死刑犯，因爲恐懼而活活把自己嚇死。

你的自信，一定會改變你的人生

人並不是生來要給人打敗的，你儘可以把他消滅，可是就是打不敗他。

——海明威《老人與海》

3.
PART

轉換心境，就能轉換命運

此路不通，那就找尋另一種可能；
別無去路，那就追求另一種成功。
山不轉路轉，沒有人規定你非得要直著走！

轉換心境，就能轉換命運

此路不通，那就找尋另一種可能；別無去路，那就追求另一種成功。山不轉路轉，沒有人規定你非得要直著走！

危機就是轉機，生命其實還有另外一種可能。

只要視野夠廣闊，心胸夠寬敞，成功不是只有一點，而是一整個平面；你在哪裡付出過心血，成功就會降臨在那裡。

只要懂得轉念，很多事情就可以改變，自己就不會成為自己人生道路上的絆腳石。透過自己或別人的種種經歷，我們更能看清，生命的輪廓就是這樣起起落落，並學會如何讓心變得更寬闊。

有一位種蘋果的人，所種的高原蘋果色澤紅潤，吃起來又脆又甜，深得消費者喜愛，經常供不應求。

只是有一年，一場突如其來的冰雹在即將採擷的蘋果上砸出許多傷口，眼看著這些鮮紅蘋果傷痕累累，如何吸引顧客呢？

這無疑是一場毀滅性的浩劫，蘋果賣不出去還算小事，但是誤了自己的信譽、砸爛了自家的招牌可是一件大事。

不僅如此，如果不能按期交貨給商家，還要依照合約上的條款進行賠償，該怎麼辦呢？

然而，這個天性樂觀的果農卻沒有輕易放棄，他在蘋果的宣傳單加上了這麼一段話：「親愛的顧客！您們注意到了嗎？在我們這些高原蘋果的臉上有一道道的疤痕，這正是我們來自高原的證明。因為高原常下冰雹，所以我們的臉上才會出現這些美麗的傷痕。味美香甜是我們獨特的風味，請記住我們的正字商標——傷疤。」

這則讓蘋果自我介紹的廣告異常成功，產品的銷售不但絲毫不受影響，反而吸引更多消費者爭先恐後，一睹正宗高原蘋果的風采。

成功經常是拜災難所賜，只要肯想辦法，世界上沒有解決不了的難題。如果事情太過棘手，左思右想也仍然找不出別的辦法，不如轉換自己的心境，爭取另一種成功。

曾聽過一個故事，主角是一個剛進寺廟修行的小和尚，方丈給他的第一道難題，是叫他用破舊的水桶挑水，並鄭重聲明不能私自換成新的水桶。

這些舊水桶的底部都隱隱有些細縫，每次裝了滿滿一桶水，挑回寺裡時都只剩下不到半桶了。

爲此，小和尚非常苦惱，但是仍然按照方丈的吩咐，每天默默地挑水，過了半年，他也就習慣了這項辛苦的工作。一天，他終於忍不住問方丈：「爲什麼挑水偏要用漏水的水桶來挑？」

這時，方丈指著小徑兩旁茂密繁盛的花草對他說：「桶子裡的水雖然漏掉了，但是並沒有浪費，它灌溉了這麼鮮艷美麗的花草，而且還鍛鍊了一個修行者的忍性、耐性、定性。難道這不值得嗎？」

人生的目標其實不只一個，即使你先前已經訂下目標，最後卻走到不盡相同的終點，這又何嘗不是另一種成功？

人生總是峰迴路轉，沒有走到盡頭，誰也不知道結果，你又何必給自己畫上那麼多的框架呢？此路不通，那就找尋另一種可能；別無去路，那就追求另一種成功。山不轉路轉，沒有人規定你非得要直的走！

你還可以更聰明

聰明不是與生俱來，而是靠平時日積月累訓練而來的。只要多觀察、多思考，你也可以變得很聰明！

聰明有很多種形式，其中最不聰明的一種，就是光有小聰明，而沒有融會貫通的大智慧。

這種聰明，是自以爲是的聰明，你其實還可以放聰明一點！

阿凡提是維吾爾族家喻戶曉絕頂聰明的人物。

有一次，國王想挫一挫他的銳氣，便絞盡腦汁想了一個難題來考他。國王不

懷好心地問他：「你知道我面前池塘裡的水，能裝滿多少個水桶嗎？」

阿凡提笑著說：「這很簡單，如果水桶是池塘的一半大，那就可以裝滿兩桶；如果水桶跟池塘一樣大，那就只能裝滿　桶；如果水桶是池塘的十分之一大，那就可以裝十桶。」

國王聽了只好點點頭，他本來想看看阿凡提啞口無言的窘相，沒想到卻忘了在題目中點明是多大的水桶。既然水桶的容量不明，阿凡提也就能顧左右而言他，只要說得有道理，國王又能拿他怎樣呢？

這就是阿凡提式的聰明，他不侷限於固定的觀念當中，而善於利用其他的條件幫助思索。

一位奧地利的醫生名叫奧斯布魯格，他的父親是個賣酒的商人。爲了辨別高大的木桶中還有多少酒，父親經常用手輕敲桶子的外側，用聲音來判定，是滿滿的一桶，還是所剩無幾。

父親的這個做法對奧斯布魯格產生不少啓發。

他想，這個原理不一定只能用在酒桶上面，人體胸腔、腹腔的構造不也像個木桶嗎？既然父親光靠旁敲側擊就能知道桶子裡的酒有多少，那麼，如果醫生敲敲病人的胸腔腹腔，並且仔細聆聽它們所發出的聲響，不也就可以藉此來判斷病人的病情嗎？

靠著多年的苦心鑽研，認眞歸納，奧斯布魯格發明了著名的診病方法——叩診，這是醫療史上的一大進步。

懂得觀此知彼，舉一反三，這才是眞正的聰明；天才大多都是從這裡出發，而發展出大智慧的。

許多人的聰明不是與生俱來，而是靠平時日積月累訓練而來的。所謂的「聰明」，就是耳聰目明，只要願意多觀察、多思考，你也可以變得很聰明！

用敵人的壓力來鞭策自己

與其讓別人毫不留情地來打敗你，不如先替自己製造敵人，作為鞭策自己、激勵自己的方式。

一個人最大的敵人，往往就是自己，只有勇於自我摧毀，才有可能突破環境的桎梏，獲得新生。此外，倘使懂得善用敵人的競爭力量來鞭策自己前進，你也可以有更事半功倍的人生。

第一次波灣戰爭之後，美國發明了一種被稱之為M-A2型的坦克。這種坦克的防護裝甲，在當時堪稱是全世界最堅固的，它可承受時速超過四千五百公里、單位破壞力超過一萬三千五百公斤的外力打擊，並且毫髮無傷。

這種品質優異的防護裝甲究竟是如何研製成功的呢？

道理很簡單，所謂以子之矛，攻子之盾。有同等力量的一方在旁邊助跑，另一方一定能跑得更快。

當時，喬治．巴頓是美國陸軍最優秀的坦克防護裝甲專家之一，他在接受研製M-A2型坦克裝甲的任務之後，立即請來一位「死對頭」做搭檔，這個死對頭是著名的破壞專家，邁克．舒馬茨工程師。

他們兩人各自率領一個研究小組展開工作；喬治．巴頓率領的是研發小組，負責防護裝甲的研製，而邁克．舒馬茨率領的則是破壞小組，專門負責摧毀研發小組所研製出來的防護裝甲。

剛開始，舒馬茨不費吹灰之力，就可以輕而易舉地把剛研製完成的坦克炸得體無完膚、四分五裂。

但隨著時間一天一天的過去，研發小組不斷更新材料，修改設計方案，從失敗中汲取經驗，從挫折裡發掘靈感，終於有一天，破壞小組使出渾身解數，這種

新式裝甲也依然穩如泰山，沒有一絲一毫的損傷。

這種當時世界上無與倫比、最堅固的坦克，就在這種近乎瘋狂、矛盾不斷競賽的試驗中誕生了。它的兩名「父親」，喬治·巴頓與邁克·舒馬茨也因此同時榮膺象徵最高榮譽的紫心勳章。

「破壞」和「反破壞」看似兩種對立的關係，但是如果運用得當，它們也可以連成一氣，產生更大的力量。

愛迪生曾經這麼說：「失敗也是我所需求的，它和成功對我一樣有價值，只有在我知道一切做不好的方法以後，我才知道做好的方法究竟是什麼。」

一遇到困難就急著逃避的人，會把困境當成沉重的包袱，但是勇於突破的人，則會把從各種角度尋求出路。

不論遇上什麼難題，放棄努力之前，都要激勵自己從不同的角度再試一次，只要嘗試從各個面向設想，你的思考能力與解決能力就會相對增強。

當生活或工作陷入困境，不妨多動腦多變通，爲自己找到最好的出路。

有壓力才會有成長，有敵人才會有進步。

因此，不用害怕眼前的敵人，也不要害怕可能的失敗，沒有這次的失敗，哪來下次的成功？與其讓別人毫不留情地來打敗你，不如先替自己製造敵人，作爲鞭策自己、激勵自己的方式。

只有利用最尖銳的長矛，去刺穿最堅固的盾牌，才會不斷刺激出更新更好的矛與盾，你說是嗎？

信心能讓一切不可能變成可能

即使人生困難重重，只要我們相信自己，那麼無論別人認為事情有多艱難，我們最終都一定能輕鬆渡過。

作家塞拉曾說：「通常很多原本你認為不可能的事，往往都在你決定挑戰它的那一瞬間變成可能。」

的確，只要你決定接受這個「不可能」的挑戰，就算是百仞高山也可以鏟平。只要你決定接受這個「不可能」的挑戰，再怎麼難過的人生關卡，也可以安然度過。

只要你願意相信自己一定做得到，那麼「不可能」這三個字就永遠不會出現在你的「人生字典」。

我們永遠都不知道自己的潛能有多強，但我們仍究要給自己一份信心，因爲唯一能開啓這道生命潛能的人，始終只有我們自己！

只要我們能肯定自己，相信自己，那麼無論成功之門有多沉重，我們也能用一己之力輕鬆開啓。

有一天，釋迦牟尼佛要到恆河的南岸說法，有位虔誠的信徒一聽聞佛陀即將弘法，便不遠千里地來到恆河的北岸，準備到南岸去聆聽大師的教誨。

但是，當他到達恆河的北岸時，卻發現那裡沒有渡船，若是繞到另一條路徑，又恐怕走到對岸時，法會已經結束了。

「怎麼辦才好呢？」男子煩惱地想著。

於是，他只好問在旁邊休息的船夫：「請問，這個河水深不深啊？有沒有其他方法到達對岸？」

船夫說：「請放心，這河水淺淺的，差不多只到膝蓋而已。」

男子一聽，開心地說：「真的嗎？那我不就可以涉水過去？」

只見他話才說完，便將雙腳踏入水中行走，不可思議的是，最後他竟然真的從河面上走到了對岸。

而正在恆河南岸聽法的人，看見這個男子竟然渡河走了過來，每個人都嚇壞了，因為他們知道河水有好幾丈深。

有人擔心地問佛陀：「這該不會菩薩想指示什麼吧？不然，他怎麼能從河面上走過來？」

佛陀微笑著說：「其實，他並不是什麼菩薩的化身，他和你們一樣都是平凡人，也和你們一樣，只是對我所說的話都抱持著絕對的信心，所以，他可以從河面上輕鬆走來。」

「因爲相信，所以不可能也能成爲可能！」

這是釋迦牟尼佛在故事中所要傳達的旨意，祂沒有親自現身來開示人們，只以僞裝的船夫，以一句「請放心」來建立信徒對自己的信心。

在我們的身上原來就存在一種潛能，一種可以讓自己完成任何可能的「自信力量」；一如故事中的平凡信徒，因爲相信佛陀的話，於是心中建立起了橫越恆河的信心，也同時開啓了自己在河面上行走的可能。

其實，故事中的「自信」與「潛能」，並不是深奧難懂的哲理，那只是一個很簡單的生活禪思，告訴我們：「即使人生困難重重，只要我們相信自己，那麼無論別人認為事情有多艱難，我們最終都一定能輕鬆渡過。」

成功靠實力，不是靠投機

「不賭為贏」，把自己的人生交給幾粒骰子的人，永遠不會是真正的贏家。

樂透彩風靡全台，不少人想用五十元搏一億。但是，靠十塊錢港幣起家，後來成爲億萬富豪的澳門「賭王」，在總結他畢生奮鬥的人生經驗時，卻出人意料地說：「不賭爲贏。」

這句話跌破衆人的眼鏡，賭王不賭，怎麼能成爲贏家呢？

當初，賭王從香港前往澳門時，身上只剩下十元港幣。但是，他並沒有用這十元錢去賭自己的運氣，而是找一家貿易公司落腳。由於他吃苦耐勞，腦筋又動得快，很快就有了非常好的工作成績。

股東們看到他是個可造之才，便積極邀他入股成為合夥人。

賭王慧眼識商機，把澳門一些多餘物資，如小船、發電機等運往大陸販賣，再換取糧食運回港澳。當時正值兵荒馬亂，港澳嚴重缺糧，這一來一往，便獲得豐厚利潤。這種獨具慧眼、以物易物的交易方式，為他日後的發展奠定良好的基礎。

到了六〇年代初期，賭王一生的轉捩點來臨。當時承包澳門賭業的一家公司合約期滿，當局登報公開招商。賭王看到這個千載難逢的發展契機，便竭盡全力參與競標；皇天不負有心人，賭王以高於對手僅八萬元的最小代價，獲得澳門賭業的專營權。

拿到賭業專營權，賭王並沒有就此高枕無憂地坐收漁利，而是絞盡腦汁，把賭業作為一項百年產業來經營。

為了廣開客源，他投資建造來往港澳的現代化輪船，又投資興建直昇機場和澳門機場，企圖吸引來自世界各地的遊客。

同時，賭王提出把旅遊與賭業結合，以賭業為龍頭，一口氣帶動全澳門的交通、旅館、餐飲全面發展。

他更一改過去賭場由江湖人士把持的傳統，重用懂得現代企業經營的知識分子，由他們擔任賭場各級管理階層，使賭業由中下層的行業逐漸往現代化、高級化、科技化的方向邁進。

俄國寓言作家克雷洛夫曾經寫道：「貪心的人想把什麼都弄到手，最後的結果卻是什麼都失去了。」

貪婪是一個無底洞，它讓人耗盡心機，只想投機，卻看不見眼前的危機。

「不賭爲贏」，說得眞好！那些把自己的人生交給幾粒骰子，試圖碰運氣的人，永遠不會是眞正的贏家。

想要發財，或許你有兩條路，一條是賭博，一條是投資，你選那一條？

賭博全憑運氣，中獎機率比被雷劈到的機會還小，無論你嚐了多少甜頭，最後贏的永遠是莊家，而老天爺又是最大的莊家。如果一個人既無才也無德，又怎麼可能會平白無故受老天爺青睞？

至於投資，當然也需要一點運氣，但需要更多的是眼光；不只是投資事業，也是投資時間，投資青春，投資精力，所有的投資都只有一個目的，就是讓自己變得更好。

投資靠的是實力，它的前提是「不投機」。

此路不通，就要懂得變通

兩個點最近的距離固然是直線，但是當此路不通時，繞遠一點的路，說不定反而可以走得更快。

一個人買了一座千斤石像，想要把它搬進位在十樓的家。

他問兩位朋友意見，其中一位思考要如何把石像搬到電梯裡，另一位卻想著要怎樣把石像搬上十樓。

依你看，哪個人想出來的方法會比較適當？

餐桌上，有七、八個大男人正為了打開一個酒瓶塞而搏鬥著。

這瓶酒是託朋友從法國帶回來的，每年只出產九十九瓶，其中大部分都落到各地王公貴族手上。

為了一償宿願，主人不只花了大筆銀子，還透過層層關係，加上機緣巧合，才好不容易得到這瓶酒的。原本高高興興地召集眾家親友一起分享，如今卻為了這塊惱人的酒瓶塞而僵持不下，眼看著就要敗興而歸，這該如何是好？

經過他們輪番折騰，瓶口的軟木塞非但沒有取出，反而朝瓶子裡面陷下去半公分，越弄越糟糕。

有人提議用剪刀挑，這個建議隨即被人否決；他們認為軟木塞的木質疏鬆，恐怕不易成功。

有人提議說，最好用一支釘子旋進木塞裡，然後用力撥出，如此便可以讓木塞隨著釘子拔出。

但是，這個建議依然遭到其他人的反對，認為萬一施力方向錯誤，角度稍微向下，木塞很容易就會掉進瓶子裡。

那麼，就用比釘子還長的螺絲起子對著木塞用力往裡頭插入，讓螺絲起子貫穿木塞，然後將木塞隨錐子一起拔出。

這個主意終於獲得大家一致贊同，只可惜主人翻遍整間房子，卻始終找不到這種傢伙。

最後，大家決定用開罐器再試一次，結果，軟木塞不但沒有取出，反而還掉進酒瓶裡。

但是，男人們在一片惋惜聲中發現事情的結果——瓶子裡面的酒終於倒得出來了。

導致我們陷入困境的，往往不是環境太過惡劣，也不是景氣真的那麼糟糕，而是我們太過僵化，不願意改變根深柢固的想法。

此路不通，就要懂得變通。當你遭遇失敗，有時候只要肯稍微改變一下自己的思路，就能夠順利找到出路。

在通往目的地的過程中，難免會碰到一些關卡，如果只是一味地思索要如何突破這些關卡，就很容易被它們誤導，反而看不清目標。相反的，如果想要走得更快，遇到關卡時，不妨動動腦子，換個角度想一想，除了這一條路之外，還有沒有別的路一樣可以通往目標。

兩個點最近的距離固然是直線，但是當此路不通時，繞遠一點的路說不定反而可以走得更快。

畢竟，辦法是靠人才能想出來的，不是嗎？

輕敵，往往暗藏著危機

當你認為十拿九穩時，往往就暗藏危機，這就是「輕敵」所必須付出的代價！

當對方向你示弱時，可別一味以爲他是眞的弱，因爲有更大的可能，他是在「扮豬吃老虎」！

一位樣貌老實的商人到銀行提取大筆現金回到車上，正要發動引擎離開時，從後照鏡中看到一個陌生女人從後座爬起來。

商人嚇了一大跳，難不成自己見鬼了？但是現在口正當中，怎麼有可能呢？

他甩一甩頭，拋開這個可笑的想法。

只見這個女人把頭伸到商人耳邊，語氣裡帶著點緊張，小聲地對他說：「馬上把你的錢全部交給我，否則我就立刻打開車門滾出去，告訴大家你綁架我、強暴我！」

仔細一瞧，女人的雙手被繩子綑綁著，頭髮凌亂不堪，而且上衣領口敞開，鈕扣似乎被扯掉了。老實的商人從來沒想過這種事會發生在自己身上，一時楞在那兒。

商人本想立刻奪門而出，跑出去對路人說明真相，可是看那女人緊握車門把手的姿勢，就算自己是閃電俠恐怕也沒有她快，到時可真的跳到黃河也洗不清了。

如果換做是你，你會怎麼做呢？

好在這個商人總算還見過一些世面，經歷過一些商場上的風浪；他強自鎮靜思考了一下子，便轉過身去對女人咿咿啊啊地比手畫腳一番。

女人見狀，很不高興地嘆了口氣說：「真是倒了八輩子楣，這麼多人不挑，偏偏挑了這個啞巴！」

商人拿起前座椅子上放著的一分報紙，並從口袋中掏出一枝筆交給女人，又比畫一番，示意女人把她要說的話寫下來。

女人鬆開自己手中並沒有真正綁死的繩結，接過紙筆，緊張地瞄了瞄窗外，又狠狠地瞪了商人一眼，在報紙上匆匆地寫下「拿出錢來，否則我滾出車門，大叫你綁架強暴我」這幾個潦草的字。

商人接過報紙後，隨即趁著女人手上還拿著筆的好時機，打開車門衝出車去，同時按下遙控器鎖住所有的車門。幾分鐘後，手中握著那份報紙的商人，領了幾位警察回到現場。

乍看這則故事，你會爲這個商人拍手叫好，覺得他反應靈敏、機智聰明，簡直是百年難得一見的「犯罪剋星」。

但是仔細想想，除了這個商人聰明，這個女人也稍嫌愚蠢，錯失許多可以自保的機會。

例如，當她發現商人是個「聾啞人士」時，她可以馬上收手，等待下一次機會；當商人表示聽不懂她的話時，她應該根據商人的衣著打扮，推想到即使商人又聾又啞，他也應該懂得唇語，否則如何獨自開車穿梭大街小巷？

當商人奪門而逃，把她反鎖在車內時，她有好幾分鐘的時間，可以打電話求救或者乾脆擊破車窗逃逸。

受害人沒有上當，反倒是壞人被反咬一口。這則故事說明了，現實社會往往是這樣子，當你認爲十拿九穩時，往往就暗藏危機，這就是「輕敵」所必須付出的代價！

假象最容易讓人上當

大多數人所以會受騙上當，正是因為他們從來沒想過自己會有被騙的可能。

卡繆曾說：「只要是人，很少會向跟自己有利害關係的人自曝弱點，除非他另有所圖。」

因此，當你看到對方的弱點時，不要急著慶祝；你之所以能得知他的弱點，也許正是因爲他故意「不小心」被你發現。

第二次世界大戰時，哈倫上校率領一艘美國潛艇，想要登上一艘瑞士籍商船執行查驗工作。兩艘大船在海中央會合，距離沒幾公尺時，瑞士商船立即換上德軍旗幟，對著美國潛艇開砲。

明槍易躲，暗箭難防，德軍喬裝的這一招真是又狠又辣。幸好哈倫上校作戰經驗豐富，立即下令潛入水底，在千軍一髮之際躲過德軍的砲擊。

德軍知道自己處於上風，趁勝追擊，開始向水中投下深水炸彈。

美國潛艇四面危機，處於十分緊急的狀況，稍有不慎，隨時會有化成炮灰的危險。哈倫上校處變不驚，冷靜地思考一會兒，立刻下令全鑑關掉引擎，放掉一百加崙的汽油，並且把一些不必要的物資往水裡丟，讓它們浮上海面。

德軍從瞭望台由上往下看，看到水面上漂浮著大量汽油和各類軍資物品，隨即欣喜若狂，個個沉浸在勝利的喜悅中，為自己擊沉一艘美國潛艇而高興不已。

就在德軍掉頭準備返航時，美國潛艇趁其不備，悄悄地從水中發射魚雷，德國艦艇全軍覆沒。

美國作家摩里斯曾經寫道：「要把一件事情做成功，首先，你就得對這件事情要有一幅清晰而且正確的心裡圖像。」

這是因爲，如果欠缺清晰而且正確的圖像，你就容易昧於表象。表相並不等於眞相，即使是你親眼所見、親耳所聞，在沒有充分進一步證實之前，千萬別輕率地爲它下註腳。人多數人所以會受騙上當，正是因爲從來沒想過自己會有被騙的可能。

正面衝突的是敵人，背後偷襲的也是敵人。「會叫的狗不會咬人」，因此，當這隻狗停止吠叫時，可別把牠當成死狗；牠有極大的可能正在伺機而動，隨時會把你咬得頭破血流！

4.
PART

充滿信心，就能保持平常心

只有抱持著平常心，無論對手是強是弱，
是超乎水準還是一反常態，你都能充滿信心，
表現出自己最好的狀態。

尊重智慧，創意才會源源不絕

他人的智慧心血，我們應該給予最大的尊重，否則我們自己的智慧財產，又要由誰來捍衛呢？

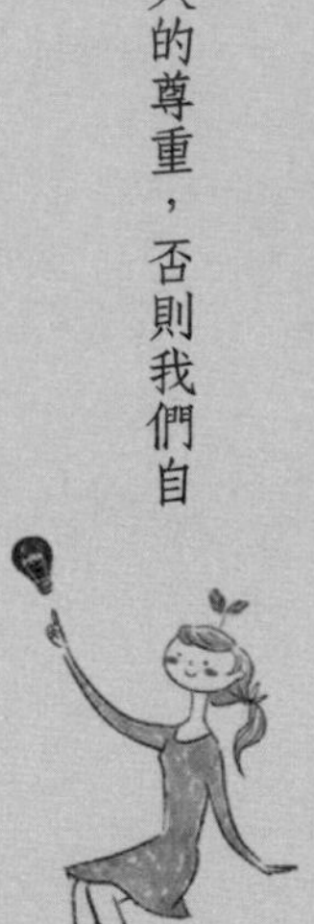

在基督教外典之一的《所羅門智訓》裡，有段這樣的句子：「我把智慧看得比任何寶座和王冠都要高貴得多。財富不堪與她倫比，珍貴的寶石亦無法與她等價……在智慧身旁，世上所有的黃金不過是一捧沙子，我珍視她甚於健康和美貌。她所具有的是永不磨滅的光輝。」

所羅門王是如此地看重「智慧」，認爲沒有什麼東西能與它相比，而我們又願意爲「智慧」付出多少？

美國有一間生產牙膏的公司，由於產品優良，包裝精美，深受廣大消費者的喜愛，每年營業額蒸蒸日上。

記錄顯示，這家公司前十年每年的營業成長率為百分之十到百分之二十，這個數據，令所有董事們雀躍萬分。

不過在進入第十一、十二年及第十三年時，業績卻停滯下來，每個月維持在同樣的數字。董事會對這三年以來的業績表現感到十分不滿，便召開全國經理級高層會議，以商討對策。

會議中，有名年輕經理站起來，揚了揚手中的紙，對董事們說：「我有個建議，若你們願意使用我的建議，必須另外支付我五萬元！」

總裁聽了很生氣地說：「我每個月都支付你薪水，另外還有獎金。現在叫你來開會討論，竟然還要另外要求五萬元，會不會太過分了？」

「總裁先生，請別誤會。若我的建議行不通，您可以將它丟棄，一毛錢也不必付。」年輕的經理解釋。

總裁答應了，只見他看完那張紙上的內容，毫不猶豫地簽了一張五萬元支票給那名年輕經理。

那張紙上只寫了一句話：將現有的牙膏開口擴大一釐米。

試想，每天早上，每個消費者多用一釐米的牙膏，每天牙膏的消費量將會多出多少倍呢？這個決定，果真成功地使該公司第十四年的營業額增加了百分之三十二。

五萬美元相對於近三分之一的營業額，不過是九牛一毛罷了；若是總裁心疼於那五萬美元而不肯付出，最後就無法得到這招「錦囊妙計」，那才眞是虧大了！換句話說，智慧的價值多少，端看我們怎麼去界定。

某種層面上來說，智慧也許是無價的，但是若試著將它「標價」，除了商業機制的運作之外，最終目的還是要讓大多數人注意到「尊重」兩個字。一個好的點子可以價值數百萬、數千萬，誰能夠第一個想出來並付諸實行，那麼這個創意就有可能比黃金珍貴。

近年來對於智慧財產權觀念的提倡，也是基於這個道理。他人的智慧心血，我們應該給予最大的尊重，否則我們自己的智慧財產，又要由誰來捍衛呢？如此一來，又有誰願意動腦筋，想想他人之未曾想？

一個不懂得尊重他人智慧的環境是十分可怕的，因爲在那之中我們很難找到「創造」，只有無窮無盡的「模仿」與「剽竊」。想想，一個社會如果失去了原創力，失去了智慧，失去了靈機一動，那麼它還剩下什麼？

充滿信心，就能保持平常心

只有抱持著平常心，無論對手是強是弱，是超平水準還是一反常態，你都能充滿信心，表現出自己最好的狀態。

劇作家易卜生說：「真正的強者，善於從順境中找到陰影，從逆境中找到光亮，時時校準自己前進的目標。」

自信是對自我價值的積極展現，是對自我能力的堅定信賴。想要改寫自己的人生，就必須從建立信心做起。

只要隨時修正現在的腳步，往正確的方向前進，充滿自信的你，自然而然就能改變自己的人生。

小玲和小琪都是國內首屈一指的溜冰好手，兩個人的花式溜冰各懷獨門絕技。當她們以輕盈的姿態舞入溜冰場時，不論是靈活的跳躍，或是優雅的旋轉，都會引起觀眾席上一陣喝彩。

這幾年的比賽下來，兩個人不是冠軍，就是亞軍，你爭我奪十分激烈。為了打敗對方，她們都下了功夫，希望自己可以在技巧、熟練度，甚至內容編排方面更上一層樓，誰也不願意輸給誰。

今年度的比賽更是重要，不但獎金額度大幅上漲，冠軍還可以代表國家去參加世界花式溜冰錦標賽。因此，兩人花了一整年的時間，卯足了全力在溜冰場日夜苦練，越是接近比賽的時間，越是不敢掉以輕心，深怕一個不小心，就被對手遠遠拋在後面。

比賽前兩個禮拜，小玲和小琪在比賽場地不期而遇。小玲看見小琪的膝蓋上居然裹著厚厚一層白色的繃帶，當她試滑的時候，臉部因痛苦而扭曲著，姿態動作也不若以往的靈活。

小玲看到這副景象，壓力頓時減輕了一大半。看樣子，小琪的傷勢應該不輕，真可惜！唯一的對手出了狀況，冠軍獎座鐵定是落入自己懷中了！

然而，到了比賽當天，滿臉笑容的小玲看到小琪之時，原先的自信立刻一掃而空。

小琪膝蓋上的繃帶不見了，臉上容光煥發，絲毫沒有一點受傷的樣子；她在溜冰場上不但表現得可圈可點，而且技巧和熟練度都比以前增強了許多。

反倒是小玲，認為對手受傷了，自己非常有把握能拿冠軍，過去兩個禮拜以來，並不曾勤奮練習，現在又出乎意料地看到小琪的絕佳狀況，一下子信心跌落谷底，連手腳都不聽使喚，在場上頻頻出錯。在這種狀況下，冠軍寶座自然拱手讓給了小琪。

至於小琪究竟有沒有受傷呢？

瞧她接過獎座時一臉志滿意得的表情，誰也看不出來她是兩個禮拜前膝蓋還裹著繃帶的人！

在瞬息萬變的競爭中，每個人都無可避免地必須面對比過去更劇烈的環境變遷，以及競爭對手的無情挑戰。正因爲如此，有的人爲了勝過別人，會千方百計要弄心機，故意露出破綻或是僞裝自己。

如果你的對手讓你看見他的弱點，請千萬小心，那很可能只是試圖讓你鬆懈的僞裝而已。

有誰會在敵人面前暴露自己的缺點，以長他人志氣、滅自己威風呢？對方之所以要讓你看見他的缺陷，爲的就是要你卸除戒心，不全力以赴。

所謂「驕兵必敗，輕敵失機」，比賽不只是你和對手的舞台，更是你和你自己的競賽，只有抱持著平常心，無論對手是強是弱，是超乎水準還是一反常態，你都能充滿信心，表現出自己最好的狀態，這才是眞正的「大將之風」。

說話藝術是人際潤滑劑

口才代表一個人的自信心，也代表了一個人的思想、智慧，表現出一個人的人格特質，也是人際關係的潤滑劑。

聖經有云：「一句話說得合宜，就如金蘋果在銀網子裡。」

絕妙的說話藝術爲人鑄造了一顆金蘋果，但是金蘋果會不會落在銀網子裡，還得看聽話的人是什麼材質。

說話的最大技巧，便在於先培養「銀網子」的聽話藝術。說話不只是說好話，還得說別人聽得進去的好話！

一位才思敏捷的牧師進行了一場非常精彩的佈道，他說：「人類是上帝所創造最完美的作品，在座的每個人都是從天而降的天使，你我都是上帝眷顧的寶貝。因此，活在這個世上，大家要肯定自我的價值，善用上帝給予的獨特恩賜，去發揮自己最大的力量。」

聽眾當中有人不服牧師的說法，他站起身來，指著自己不滿意的塌鼻子，質問牧師說：「如果真像你所說的，人是從天而降的完美天使，請問我的鼻子為什麼麼會這麼塌呢？」

另一位嫌自己腿短的女孩也起身表示相同的意見，她認為自己的短腿應該不是上帝完美的創造，又何來天使之說呢？

台下議論紛紛，只見牧師神態自若地回答：「上帝的創造是完美的，而你們兩人也絕對是從天而降的天使，只不過……」

隨即，他指了指那名塌鼻子的聽眾，說道：「你在降落到地上時，讓鼻子先著地罷了！」

接著，牧師又指一指那位嫌自己腿太短的女孩：「至於妳，雖然是用腳著地，可是卻在從天而降的過程中，忘了打開降落傘。」

口才代表一個人的自信心，也代表了一個人的思想、智慧，表現出一個人的人格特質，也是人際關係的潤滑劑，藉由三言兩語，你可以實現自我，也可以解決問題的工具。

再精深再博大的學問，都不如說話的藝術來得有用！

口才好，揚眉吐氣，你的人生是彩色的；口才不好，人微言輕，忍氣吞聲，人生只是黑白。

說話是種藝術，我們總覺得自己做得還不夠好、不夠精練、不夠傳神，但正因爲它是一門藝術，它永遠都有可以改進之處。

有遠見更要有挑戰的勇氣

懂得立即付諸行動的人，即使頻頻跌跤，他們卻從每一次跌跤的角度中，擁有越來越多的新視野！

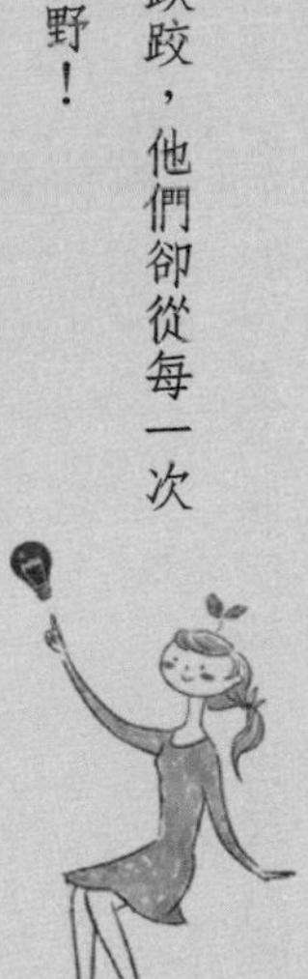

只有遠見是不夠的，若是缺乏行動的勇氣，無論你規劃出多麼好的美麗願景，還是徒留一場空。

如果美麗的夢想沒有勇氣加以落實，一味擺在腦海中空轉，那麼，它終將成爲重複的惡夢！

庫克旅遊公司約有五百個辦事處分佈在世界各地，因為他們每年都會有近一千萬名旅客請他們代辦旅遊事務。

之所以會有如此龐大的客源，全賴庫克本人將總公司由倫敦遷到美國的勇氣與遠見；其後的繼承人也發揮了這項冒險勇氣，讓庫克旅遊的行程都充滿了創意與趣味。

像是著名的百慕達蜜月行程，或是到巴峇島觀光等行程，都是他們精心尋找與規劃出來的創意行程。

庫克公司一旦有了新規劃，對於這些新組成的特殊旅行團，都打出了這樣一個口號——我們不只是帶你們去賞玩山水，更要讓你們從世界不同的角落中，探索更新的事物！

每當老庫克回想起過去奮鬥的經歷，都會給新進員工一些忠告：「你們要做旅行業的先鋒！」

是什麼樣的過去，讓他有這份信心與勇氣？

原來，當年他決定將總公司還到美國時，他的親友們個個都提出反對意見，連一向支持他的妻子都說：「你是土生土長的英國人，而且想發展旅遊事業，倫

敦的條件比任何地方都好啊！」

「不，這是一個新興的行業，需要充滿朝氣的環境來生長，我認為到新興的美國發展，會比待在保守的英國來得更具發展性。」庫克堅決地說。

庫克太太只得無奈地說：「但是，你有必要將總公司遷到美國去嗎？在那裡你可以設立一個分公司就好，不是嗎？」

庫克搖了搖頭，說道：「那意義完全不同，我們在倫敦已經有了基礎，在這裡每個人都知道庫克公司的名聲，但是，在美國卻要從頭開始。在美國，我們展望的是全世界，必須投入全部的人力與財力啊！不然，怎麼競爭得過當地的旅行業呢？」

妻子聽完庫克的分析後，點了點頭說：「好吧！我會支持你的。」

拿破崙曾經說過：「所謂逆境，只不過是那些沒有勇氣改變現狀的人，製造出來的護身符而已。」

的確，懦夫把困難當做沉重的包袱，而勇者卻把困難當做衝出逆境的力量，只要你擁有改變現狀的決心和勇氣，逆境其實只是你進入順境的一個入口。

因爲能果決明確地下決定，讓老庫克在最精華的人生階段光芒四射，也因爲抱持著強烈的成功企圖，讓老庫克及繼承人都充滿了積極突破的決心。

從故事中，我們發現，「要做就要做最好的」正是老庫克的人生座右銘，也是他傳承給庫克員工們的精神指標。

從充滿遠見與勇氣的庫克身上，你是否也感受到了一份無法言喻的活力和實踐夢想的動力呢？

人生其實就這麼長，一再地猶豫，最終只會讓自己失去越來越多。反之，懂得立即付諸行動的人，即使頻頻跌跤，他們卻從每一次跌跤的角度中，擁有越來越多的新視野！

看清你所信仰的真相

別忘了時時回過頭來，用不同的角度質疑這些所謂「真相」與「事實」，才不會被錯誤的價值觀牽著鼻子走。

法國文學家羅曼．羅蘭曾說：「懷疑與信仰，兩者都是必須的。懷疑能把昨天的信仰摧毀，替明天的信仰開路。」

我們活到這麼大，心裡都會有一些「相信」的事與「信仰」存在，例如某種意念、價值觀、政治立場、社會觀點，甚至包括對自己與他人的想法……等；就好像有人崇拜「金錢萬能」，有人相信「藝術可以救世」。

但是，對於這些「信仰」，我們是否曾經認真地檢視與思考？

從前有戶人家的菜園裡橫躺著一塊大石頭，這石頭的寬度大約有四十公分，高度有十公分。來到菜園裡的人，常常會不小心踢到它，下場不是跌倒就是擦傷。某天，這戶人家的兒子忍不住問：「爸爸，那顆討厭的石頭為什麼不把它挖走？」

爸爸回答：「那顆石頭從你爺爺時，就一直在那裡到現在了，它的體積那麼大，藏在土裡的部分不知道還有多少，要挖到什麼時候才能把它挖出來啊！不如走路小心一點，還可以訓練你的反應能力。」

過了幾年，當時的兒子娶了妻子，當了爸爸，當然這顆大石頭也跟著留到下一代。有一天，妻子氣憤地說：「老公，菜園那顆大石頭，我越看越不順眼，改天請人搬走好了。」

新一代的爸爸回答：「妳算了吧！那顆大石頭很大、很重的，可以搬走的話，我小時候就搬走了，哪會讓它留到現在啊？」

妻子心底非常不是滋味，因為那顆石頭不知道讓她跌倒多少次了。

有一天早上，妻子帶著鋤頭和一桶水，將整桶水倒在大石頭的四周，然後用

鋤頭把大石頭四周的泥土攪鬆。她早有心理準備，可能要挖上一天，甚至好幾天，但基於一口氣吞不下，還是決定奮戰到底。

誰都沒想到，不到十分鐘，妻子就把石頭挖起來了，看看大小，這顆石頭根本就沒有想像中那麼大，大家不過是被那個巨大的外表騙了！

事實上，每個人的心中，也都有一塊像故事中一樣的大石頭。

這塊石頭，不知道是多久以前就放在那裡的，因爲年代實在太久遠，我們早已忘記要懷疑它「應不應該存在」、「能不能夠移走」，只是讓它在那裡，一直阻礙著我們、影響著我們。

對許多人來說，這樣的石頭可能還不只一塊。心裡面放了很多這樣子的石頭、這樣子的障礙，對於我們來說並不是一件好事。

羅曼．羅蘭教我們要懂得懷疑，特別要懷疑自己所深信不疑的事，因爲只有透過懷疑，我們才能親自動手去摸摸看、試試看，看看那塊石頭是不是眞的難以撼動？是不是眞的「本該如此」？

故事裡的石頭並非眞有千斤重、百丈寬，而是人們「心裡」認定了它「不可動搖」，除非有人願意重新嘗試，推翻先前的認定，它才能被移走。

同樣的，我們深信與信仰的一切，也許經過思考與檢驗之後，會發現它根本是虛有其表罷了。

在日常生活中，你是不是也已經習慣了那些「理所當然」的事呢？別忘了時時回過頭來，用不同的角度質疑這些所謂「眞相」與「事實」，才不會被錯誤的價值觀牽著鼻子走。

成功還是要靠努力

說穿了，成功者也是人，不是神，他們的命運更不是「上天註定」，一切成功與失敗，還是得看當事者究竟付出多少努力。

魯迅曾經說：「哪裡有天才？我是把喝咖啡的功夫都用在工作上了。」

的確，天才並不是只要在家裡坐著就能夠事事順遂、平步青雲，而成功者也並非「天生註定」的。他們一樣都是人，有血有肉、有各種情緒，也有高低起伏的境遇。

這是一位少年的有趣經歷：

六歲時，一位非洲的主教跟他一塊玩了一下午的球，他覺得從來沒有一位大人對他這麼好過，因此認為黑人是最優秀的人種。

八歲那年，他有了一個新嗜好，喜歡問父親的朋友有多少財產，大部分人都被他嚇了一跳，只好昏頭昏腦地告訴他。

上小學時，他常常花一整天時間偷看大姐的情書，從來沒有被發覺。

他天生哮喘，夜裡總是輾轉難眠，白天又異常疲憊，多年來，這個病一直折磨著他。同時，他也對很多東西都有恐懼症，比如大海。某天，他懇求父親帶他去釣魚，父親說：「你沒有耐心，帶你去你會把我弄瘋的。」也由於沒有耐性，他成了牛津大學的肄業生。

某次上課時，老師問他拿破崙是哪國人，他覺得其中一定有詐，自作聰明的改以荷蘭人作答，結果遭到不准吃晚飯的懲罰。

他總覺得自己的智商只比天才低一點，結果一測試只有九十六，只是普通人的正常智商。

下面，我們再來看一位偉大人物的傳奇：

他一生朋友無數，曾列了一個有五十個名字的摯友清單，包括美國國防部部長、紐約的著名律師、報刊總編以及女房東、農場的鄰居、貧民區的醫生……等等。

二戰期間，當時他三十一歲，為了幫助自己的祖國，服務於英國情報局，當了幾年的間諜。三十八歲時，他記起祖父從一個失敗的農夫成為一名成功的商人，於是決定效仿。沒有文憑的他以六千美元起家，創辦了全球最大的廣告公司，年營業額達數十億美元。

他曾自嘲：「只要比競爭對手活得長，你就贏了。」會這麼說是因為，他活了八十八歲。

他一生都在冒險，大學沒讀完就跑到巴黎當廚師，繼而賣廚具，到美國好萊塢做調查員的工作，之後又作了間諜、農民和廣告人，晚年則隱居於法國的古堡。他敢於想像，設計了無數優秀的廣告詞，至今仍在使用。

他還曾經說過：「永遠不要把財富和頭腦混為一談，一個人賺很多錢和他的頭腦沒有多大關係。」

你知道嗎？這位少年和偉人是同一個人，他的名字叫做大衛·奧格威，也就是奧美廣告的創始人。

奧美廣告的創始人，在事業上可說是非常成功。翻開諸多商業類雜誌，媒體記者多半會以類似「偉人故事」的手法，爲像奧格威這樣的人物塑造出「成功者」的形象；在不知不覺間，人們也就將這個人「神化」了。

會不自覺地「神化」成功者，往往是因爲這會帶給我們一點「自我安慰」的感覺：畢竟人家不一樣！這樣一來，大部分人就能夠對自己的「平凡」釋懷了。

但是，看過奧格威的故事之後，可能很多人會發現，其實他與一般人並沒有那麼大的不同。說穿了，成功者也是人，不是神，他們的命運更不是「上天註定」，一切的成功與失敗，還是得看當事者究竟付出多少努力。

沒有自信的人才會吹牛

牛皮是沒有極限的，不管誰吹得有多麼厲害，總是還會有人超過他，而且只要輕輕一戳，便不攻自破。

爭氣，爭氣，人活在世上要爭的往往只是一口氣。

爭氣的方式有兩種。對自己充滿信心的人，知道自己擁有什麼能力，因此懂得靠實力爲自己爭氣。

至於對自己缺乏信心的人，由於缺乏競爭力，往往只會用吹牛的方式爲自己爭一口氣。殊不知，你爭的這口氣卻很可能會令你充了面子、丟了裡子，贏了一時，輸了一世。

有兩個大近視眼很不自量力，經常一碰面就互相比較眼力，而且總是自吹自擂，誰也不服誰。

有一天，聽說廟裡要掛上一塊新的牌匾，兩個人約定時間一起去觀賞那塊新的匾額，順便比一比眼力。

掛匾的前一天，兩個人一前一後偷偷地去廟裡探聽了一番，不約而同暗暗記住了牌匾上的字。

隔天一大早，兩人依照約定的時間來到廟裡。

其中一個人先往掛匾的地方望了一望，然後得意洋洋地說：「這上頭寫的『光明正大』四個字，一筆一畫蒼勁有力，連收尾的地方都注意到了，功夫還真不錯！」

另外一個不甘示弱，立刻接上來說：「那四個大字誰看不見哪！這有什麼稀奇！你能認出寫在角落的那些小字嗎？告訴你，那上邊寫的是『某年某月某日』、『某某人書』！」

正在一旁打掃的清潔工聽了，不禁哈哈大笑。

他告訴他們二人：「仔細抬頭看看吧！那塊匾額根本還沒掛上呢！哪來什麼大字小字的？」

越欠缺自信的人，越會試圖藉由吹牛欺騙自己和別人。

遺憾的是，這種可憐人充斥在我們的生活周遭，卻不知道別人內心正用鄙夷的眼光看待自己，反倒洋洋得意。

在一個吹牛比賽中，一號參賽者睜眼說瞎話：「我非常富有，名下有二十家電視台，三十家航空公司，五十家郵輪公司，七十家石油公司，八十家建設公司，還有五十七艘遊艇，以及許多遊覽車及其他國際生意，比亞洲第一富豪還要有錢。」

一號參賽者語出驚人，竟然說出這麼誇大不實的話語，想必其他參賽者是很難打敗他了！

沒想到，接下來上台的二號參賽者，只說了一句話，就贏了這場比賽。他說：

「我是一號參賽者的老闆！」

牛皮是沒有極限的，不管誰吹得多麼厲害，總是還會有人超過他，而且只要輕輕一戳，便不攻自破。

吹牛的最高的境界，是吹到最後連自己都相信這些牛皮，但是，吹牛的致命危機就是除了吹牛者自己相信之外，旁人沒有一個相信。

付出越多，得到越多

人會得到回報，往往是先有所付出。只有不怕吃虧的人，會盡全力做事，盡全心對人，付出許多，得到的才會更多。

法蘭西斯·培根曾經這麼說：「人不能像地球一樣，把自己的利益定做繞以旋轉的軸心。」

人如果總是以自我爲核心，僅僅關心自己的利益，而不在乎別人的需求，或者老是要求別人付出，而不願幫助別人，是不可能有太多收穫的。天下沒有不勞而獲的事，想要得到別人的幫助，請先伸出手，展現你的誠意。

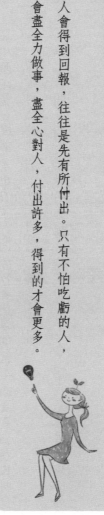

有一家雜誌社的社長，想要請一位有名的學者，為他的雜誌寫專欄。

一天，社長開車來到學者的家裡，誠懇地對他說：「我想在雜誌上為您開一個專欄，麻煩您幫忙。」

沒想到這位學者實在太忙了，拿出他的時間表一看，每天上課、演講、做研究……連吃飯的時間都沒有，哪裡還能寫什麼專欄？

因此，不管社長怎麼勸說，學者都禮貌的推辭，就是不肯點頭。

學者說：「不是我不願意幫忙，只是您看，我簡直快要忙瘋了，等一會兒，我還得坐飛機到南部去演講，根本沒有時間。」

看到學者如此堅決的態度，社長只好告辭。

二、三個小時之後，學者走出自家大門，拎著簡單的行李想要走到巷口叫計程車前往機場，卻看到社長的車子停在門前，還沒有離開。

社長走下車，打開車門對學者笑著說：「時間不早了，讓我充當司機載你一程吧！」

過了幾個禮拜，學者的專欄如期刊登了。

雖然說付出不應該要求回報，但是，一個人之所以會得到回報，往往是因爲先有所付出。

不要吝嗇多幫人一把，多對人施予一點小惠。你的一句慰問、一點關心，都會是對方感動的泉源。

陶覺曾說：「做人必須帶一分憨、一分癡，不憨不能犯大難，不癡無以處濁世。凡患得患失之人，正是太聰明耳。」

錙銖必較的人，只肯付出一點點，自然也只能回收一點點；只有不怕吃虧的人，會盡全力做事，盡全心對人，付出許多，得到的才會更多。

5.
PART

充滿自信才能創新

突破傳統的窠臼需要自信和勇氣，
更需要高明的創新手法。
扭轉既有的事實需要冒險，
新大陸往往就是這樣被發現的。

自己的命運，必須自己負責

我們必須對生命充滿敬意，必須對自己的命運負責。因為生命之鑰就握在自己手上，好壞最後還是只有自己才能決定！

切斯特曾說：「大多數人愛抱怨命運，卻幾乎沒人抱怨自然。而且他們越認為後者對他們仁慈，就越抱怨前者的所謂不公正。」

對於理解它們的人來說，命運與自然，其實都遵循著同一個法則，並沒有「公正」或「不公正」的差別；我們所要努力的，是瞭解尊重這個法則，然後努力實踐它，如此而已。

那麼，這條法則是什麼呢？

有一個小男孩跟父親走在山中，一個不留神踩到一顆石子，小男孩「哇……喔！」地叫了一聲。幾乎是同時，他聽到了一個聲音從山中的某處傳出來，重複他的聲音：「哇……喔！」

他於是好奇地大聲問那個聲音：「你是誰？」

結果他得到的答案也是：「你是誰？」

小男孩生氣了，大聲吼出「膽小鬼」三個字，但這一次他得到的答案也是「膽小鬼」。他於是忍不住問父親：「爸爸，這到底怎麼回事啊？」

只見父親笑了笑，向那個聲音大吼了一聲：「我欽佩你！」

結果得到的回應也是：「我欽佩你！」

同樣的，父親再一次大聲地說：「你是冠軍！」

這個聲音也回答：「你是冠軍！」

小男孩感到既訝異又不解。父親於是向他解釋：「一般人們稱這是回音，但實際上這是生命不變的真理：你所說的與所做的每一件事，最後都會回應到你身上。」

你所付出的，最終都會得到回報。這就是生命與自然的法則。如果我們有機會停下來想想，仔細回顧那些我們曾經做過的，以及忘記去做的，還有那些自己做對與做錯的事，就會發現這條法則所言非虛。

付出的若是單純的善意，在你的生命裡也會同樣擁有這些東西；釋放出的若是諸多惡意、糟蹋或不懂珍惜，那麼你的生命也將充滿許許多多的輕視、敵意與遺憾。

生命是多麼公平啊！這就是爲什麼我們必須對生命充滿敬意，必須對自己的命運負責。因爲，生命之鑰就握在我們自己的手上，是好是壞、是可敬可恨、是值得還是不值得、是「不留空白」還是「留下許多遺憾」，最後還是只有自己才能夠決定！

在關鍵時刻讓自己更出色

朗費羅曾說：「我們是以自己有能力做什麼事來評斷自己，但別人卻以我們已經做了哪些事來評斷我們。」

每個人都想要當一個聰明人，卻往往很少人懂得要如何在適當時候，展現自己的聰明才智。

即使孔雀具備色彩斑斕的羽毛，如果不知道該在什麼時候開屏，終其一生，也只是一隻平凡無奇的小鳥。

想要飛上枝頭成爲鳳凰，就要抓緊平步青雲的好時機，在關時刻讓自己表現得更加出色。

威爾遜曾經寫道：「要有自信，然後全力以赴，假如有這種信念，任何事情十之八九都能成功。」

的確，一個人倘使沒有自信的話，人生就索然無味，必須切記，我們的人生，會隨著我們的自信多寡，而具有多少價值。

鐵血宰相俾斯麥在普法戰爭勝利後，頒贈十字勳章給所有有功的戰士。

俾斯麥手持十字勳章，親自為一名士兵佩戴。在佩戴的過程中，他隨口問道：「如果你沒有錢，你會認為一百元比這個勳章重要嗎？」

這名士兵想了想，恭敬地回答：「長官！據您所知，這枚勳章的價值在哪裡呢？」

「喔！這個……它的價值大概是榮譽吧！不過，這個榮譽只值三塊錢喔！」

俾斯麥回答，並幽默地一笑。

士兵聽了，不慌不忙地說：「那麼，長官，我想我要這枚勳章和另外的九十七元。」

鐵血宰相一楞，接著哈哈大笑。他十分佩服這名士兵的聰明機智，不由得對他多看了兩眼。

從此，這名士兵的官運也飛黃騰達了起來。

這位士兵在俾斯麥的威儀下，仍毫不畏懼地展現自己的機智，自然引來大家的刮目相看。

許多人「在家一條龍，出外一條蟲」，空有一身武藝，卻總在上台時怯場，以致演出失常，吸引不了伯樂，這怪得了誰？

每個人的一生中都有幾次「關鍵時刻」，你平時累積的才華、技藝都是爲了這些時刻所準備。眞正能夠技壓群雄的人，不一定具備一百分的實力；他們可能只有九十分，卻能適時而充分地展現這九十分，也因而打敗了那些具有一百分實力，卻只表現出八十分的對手們。

美國詩人朗費羅曾說：「我們是以自己有能力做什麼事來評斷自己，但別人卻以我們已經做了哪些事來評斷我們。」

你是個什麼樣的人，最終是別人說了算！你又怎麼能不好好把握每一個表現自己的機會呢？

但丁曾經說過：「能夠使我漂浮於人生的泥沼中，而不致墮落的，是我的自信心。」

其實，人認爲你是那一種人，並不要緊，重要的是你自信自己是那一種人，因爲，衡量自己是否有能力，應在於你的自信心如何？也就是只要你認爲你能夠，你便能夠，你認爲你不能夠，你便不能夠。

信任別人才能成就自己

一山還有一山高，遇到更高的山峰，與其把他剷除，不如想辦法站在他的肩上，讓其為你所用，讓自己成為更高的頂峰。

樂於付出自己的信任，所以容易讓人泉湧以報，盡力做到最好。這麼一個好的良性循環，其中獲益最多的人是誰？

答案非常明顯，聰明的你一定猜得到！

美國威爾遜總統執政期間，十分知人善任，對於有才能的人，總是不恥下問，多加提拔。

其中有一名軍官，博學多聞，深得威爾遜總統的器重，對他的依賴度甚至超過自己的內閣群臣，只要有需要商議的地方，威爾遜總統一定第一個想到他。

威爾遜總統知道，這名軍官無論是在一般性的知識，或是對國際事務上的見解，都遠在自己之上，他越重視這位軍官的意見，軍官也就越主動充實自己的知識，不辜負威爾遜總統的信任。

一次，威爾遜總統遇到了一個軍事難題，時間非常緊迫，但是內閣們卻都表示無能為力，於是他只好四處求援。這位軍官一接到消息，馬上致電給威爾遜總統，提出精闢的解決之道，令眾人佩服得無體投地，威爾遜總統更是深感安慰，十分高興，從此對這名軍官更加器重。

而這名軍官也因為受到了鼓勵，於是更加積極奮發，盡心盡力地為威爾遜總統效勞。

威爾遜總統就是因為有容人的雅量，善用身邊賢能之士的輔佐，任期間政績卓越，成果輝煌，在美國歷史上留下了很好的名聲。

理查・焦爾達諾曾經說過：「衡量一個好的領導人，標準不是他做了多麼了不起的事，而是有多少員工願意追隨他。」

的確，一個高明的領導者除了必須知人善任外，還必須具備讓部屬積極行動的智慧，讓他們自動自發地貢獻自己的才能。

威爾遜總統心胸廣闊，善用賢能之士，而不擔心其功高蓋主，更鼓勵人人貢獻其才，讓底下的人如沐春風，更加賣力演出。

這就是成功者的雄才大略！不只是發揮自己的能力，更能集合別人的力量，創造更好的成效。

一山還有一山高，遇到更高的山峰，與其把他剷除，不如想辦法站在他的肩上，讓其爲你所用，讓自己成爲更高的頂峰。

失敗是為了累積成功的能量

處於逆境時，你更要相信，如果沒有走上這一條崎嶇的道路，也許你永遠無法碰到下一條風光明媚的分岔路。

失敗的原因有很多，也許是努力不足，也許是時候未到。不管你是爲什麼原因失敗，都要相信自己的努力總會有開花結果的一天。

如果你過得不如意，至今還看不到豐收的時機，也許是因爲上帝對你有其他特別的安排。

有一位商人繼承父業做珠寶生意，可是，他缺乏父親對珠寶業的明察秋毫，才接手沒幾年，就把父親留傳給他的龐大資產全部賠光了。

他認為自己的問題並不是缺乏經商才能，而是珠寶行業的投資太大，技術性太強，風險也太高，因此，決定改行做服飾生意。

他認為，服裝業的週期短，又不需太多專業知識，憑他過人的生意頭腦，肯定能成功。

於是，他變賣了僅有的一些家產，開了一家服飾店。經營了三年以後，他的服飾店再也沒有資金進貨，擺在檯面上的衣服也因為價格不具吸引力而乏人問津。他不得不承認自己再度失敗了。

他意識到自己不適合瞬息萬變的服飾市場，每當他發現一種新款的服裝正流行，正準備撥出資金進貨時，同行們的這種款式已經開始淘汰了，他總是只抓得住流行的尾巴。

一而再的失敗並沒有把他擊倒，他變賣了服飾店，用剩餘不多的資金開了一家小餐廳。

他想，這種簡單的生意，只要僱幾個人做菜，客人吃飯付錢，又不用很大的週轉金，總該不會賠了吧？

可是，事實證明，他又錯了。他眼睜睜地看著相鄰的餐廳高朋滿座，而自己卻是門可羅雀。最後，連僱來的員工也被別家餐廳挖角了，只剩下他獨自一個人收拾殘局。

後來，他又嘗試做了化妝品生意、鐘錶生意、印刷生意，但都有如把鈔票往海裡丟，一件一件地失敗了。

到了這個時候，他已經五十二歲。從父親交給他珠寶生意至今，他奮鬥了二十五年，最後卻一無所有。

灰白的雙鬢更加使他相信，他沒有絲毫經商的才能。

他盤算自己剩餘的財產，所有的錢只夠買一塊離城很遠的墓地。他想：「看樣子，自己是不可能鹹魚翻身了，不如趁早買一塊墓地給自己留著，要是哪一天一命歸西，也算有個地方安息。」

他所買的墓地是一塊極為偏僻的土地，離城足足有十五公里遠，別說有錢的人，甚至連一些窮人也不願意買這樣的墓地。

但是，奇蹟發生了，就在他買下了這塊墓地後的第十八天，市政府突然公佈了一項建設環城高速公路的計劃，他的這塊墓地恰恰處在高速公路的內側；高速公路與建計劃使得道路兩旁的土地一夜之間身價暴增，他的這塊墓地更是漲了一百多倍。

他做夢也沒有想到，無心插柳柳成蔭，自己竟靠著這塊墓地發財了。

他驚覺到，自己何不試著做房地產生意呢？於是，他賣了這塊墓地，然後購買了一些他認為有升值潛力的土地。

五年以後，他成了全城最大的房地產業主。

希臘船王歐納西斯曾經說過這麼一番話：「最黑暗的時候，正是我們必須積極尋找光線的時候。」

在人生的過程中，每個人都難免會遭遇挫折和失意，只要懂得修正錯誤，將失意和挫折轉化成再出發的動力，就可再度擁有一個美麗燦爛的人生。

成功來得永遠不會準時，但也永遠不會太遲。

若不是經歷過層層疊疊的失敗，故事中的這個商人又怎麼會無心插柳而成功致富呢？

因此，處於逆境時，你更要相信，如果沒有走上這一條崎嶇的道路，也許你永遠無法碰到下一條風光明媚的分岔路。

人生的道路是一步又一步走出來的，現在的腳步也許艱辛，但是當你某天回頭一看，會看見這些其實都是引領你走向未來的足跡。

把前人的痛苦當成自己的珍珠

人生不外乎是挫折、麻煩與困難，你無法避免它們的到來，你只能儘量不讓它們打亂自己的步調。

人生的體悟似乎總是來得太遲，往往當你明瞭了一些什麼道理時，可能你也已經衰老了許多。

事實上，並不是非要經歷傷痕累累才算體驗過人生。你的前頭還有許多人走過和你一樣的路，他們的人生經驗正是你最好的借鏡，如果你能善用他們的智慧，也許可以走出不一樣的路。

以下便是一位退休老人用他一生所記錄下來的智慧。

二十歲那年，這個老人任職的公司突然惡性倒閉。

當時，他還是個不懂世事的毛頭小子，而且不幸失業了；心急如焚之時，經理卻安慰他說：「你真幸運。」

「幸運？」他不禁生氣地大叫：「我在這裡浪費兩年的光陰，還有幾萬多塊的薪水沒領到，這叫什麼幸運？」

「真的，你很幸運。」經理繼續說：「凡是在年輕時受到挫折的人都很幸運，因為這給你一個機會，你可以學到如何鼓起勇氣從頭做起。要是到了四、五十歲才災禍臨頭，這樣的人沒有學過如何重新開始，這時候再來學，恐怕已經年紀太大，心有餘而力不足了。所以，你很幸運，你的挫折來得正是時候。」

到了這個老人三十五歲時，事業已經稍具規模，每天有處理不完的公事，接聽不完的電話，讓他經常抱怨連連。

這時，他的上司把他叫到一旁，和顏悅色地對他說：「不要因為事情的麻煩而抱怨，你的收入多就是因為工作麻煩。一般人不需要負什麼責任，他們沒有什

麼麻煩，所以他們得到的報酬也少。只有艱難的工作，才值得豐厚的報酬。」

到了四十歲，恰好是他對工作最遊刃有餘的時候，一位哲學家朋友告訴他說：「好好享受你現在的生活，等到再過五年，你就會有重大發現，那就是——麻煩不是偶然出現的，麻煩就是人生。」

如今這個老人已經五十多歲了，回想這三位長者所給他的啟示，真是一生受用不盡的至理名言啊！

貝多芬曾經寫道：「在困厄顛沛的困境，能堅定不移，甚至還感謝這個困境，這就是一個人真正令人欽佩的不凡之處。」

其實，環境本身惡不惡劣並不決定我們快樂或不快樂，重點是我們用什麼心境面對自己所處的環境，以及是否能從不同的角度替自己找出路。

有些人的生命如同蚌殼中的細沙，用盡畢生精力，把一粒粒的折磨和痛苦化爲珍珠。

如果，你懂得欣賞他們的「珍珠」，你也就等於上了人生寶貴的一課。

人生不外乎是挫折、麻煩與困難，你無法避免它們的到來，你只能儘量不讓它們打亂自己的步調。

看看別人怎麼度過這些難關，隨時調整自己的心態。

你所受的痛苦，很多人都曾遭遇過，你應該不是最不幸的那一個。如果你願意用心傾聽別人的生活經驗，體悟來得也許永遠不嫌太遲。

充滿自信才能創新

突破傳統的窠臼需要自信和勇氣，更需要高明的創新手法。扭轉既有的事實需要冒險，新大陸往往就是這樣被發現的。

日本心理學作家邑井操曾經這麼寫道：「一個成功者之所以與一般人不同，就在於他能夠在勝負未分之前，對自己的應變能力充滿信心，然後去謀取獲得勝利的條件。」

信心是能否扭轉逆境的關鍵因素，一個人擁有多少自信，就能夠創造出多少奇蹟。遇到人生的各種逆境，如果連你都不相信自己沒有問題，那麼你當然無法改變自己的人生。

在一九八四年以前，奧運會的主辦國幾乎都是「指定」的。

對舉辦國而言，能舉辦奧運會，象徵著國家民族的榮譽，也可以乘機提升國家的形象。但是，場地、建築物與周邊設備……等等高經費的投資，往往使政府負擔巨大的財政赤字。

看看那些有過慘痛經驗的國家就不難知道這種情形，一九七六年加拿大主辦蒙特婁奧運會，虧損十億美元；一九八〇年，前蘇聯莫斯科奧運會總支出達九十億美元，具體債務更是一個天文數字。

奧運會幾乎變成為「國家民族空泛的利益」而舉辦，或為「政治的需要」而舉辦，賠老本已成了舉辦國不可避免的宿命；他們只能自我安慰，凡事有得必有失，吃虧就是佔便宜嘛！

直到一九八四年洛杉磯奧運會，美國商界奇才尤伯羅斯接手主辦，才運用他過人的創新思維，改寫了奧運的經濟史。

鑑於以往其他國家舉辦奧運的虧損情況，洛杉磯政府在得到主辦權後即做出

一項史無前例的決議：第二十三屆奧運會將不動用任何公用基金。自此開創了由民間機構主辦奧運會的先河。

尤伯羅斯接手奧運之後，發現主委會竟然連一家小公司都不如；沒有秘書、沒有電話、沒有辦公室，甚至連一個帳號都沒有。

一切都得從零開始，尤伯羅斯決定破釜沉舟，把自己旅遊公司的股分賣掉，所得的資金用來招募員工，把奧運會商業化，進行市場式的運作。

尤伯羅斯的第一步，是開源節流。他認為，自從一九三二年的奧運會以來，規模浩大、場面虛浮、造勢奢華和開銷浪費都成為一種慣例，因此，他決定想盡辦法來節省不必要的開支。

首先，他本人以身作則不領薪水，在這種精神感召下，有數萬名員工都願意當義工，國家榮譽就是他們最好的報酬。

其次，尤伯羅斯決定沿用洛杉磯現成的體育場，借用當地的三所大學宿舍作為選手村。光是這項決議就節省數十億美金，尤伯羅斯創新思維的功力、膽識實在不容小覷。

第二步，尤伯羅斯把腦筋用在聲勢浩大的「聖火傳遞」活動上。

奧運聖火在希臘點燃後，將在美國舉行橫貫本土的一．五萬公里巡迴接力跑。尤伯羅斯想出一個相當獨特的捐款辦法：只要肯出錢，就可以舉著火炬跑上一程。

尤伯羅斯實際上是在販賣百年奧運的歷史、榮譽等巨大的無形資產。結果聖火傳遞權以每公里三千美元出售，一．五萬公里共售得四千五百萬美元。到這個時候，眾人才意識到，原來奧運也可以是一棵搖錢樹。

第三步，尤伯羅斯出人意料地向廠商提出，贊助的金額不得低於五百萬美元，而且強調，奧運會所有場地範圍，包括空中在內，都不准非贊助廠商做商業廣告。

這些苛刻的條件使來自世界各地贊助商的熱情不降反升，一家家知名公司急於加入贊助行列，為了競標，有的廠商甚至還沒弄清楚本身所贊助的室內賽車比賽程序如何，就匆匆簽字。尤伯羅斯最後從一百五十家贊助商中選定三十家，此舉共籌得一億多美元。

尤伯羅斯並採取獨家轉播的方式，讓美國三大電視網你爭我奪、一較高下，結果，美國廣播公司以二．二五億美元奪得電視轉播權。

尤伯羅斯又首次打破奧運會廣播電台免費轉播比賽的慣例，以七千萬美元把廣播轉播權賣給歐洲、澳大利亞的廣播公司。

另外，尤伯羅斯以高價出售門票，並以該屆奧運會吉祥物山姆鷹為主，設計了相關紀念品推廣到世界各地。

在短短的十幾天內，第二十三屆奧運會扣除總支出，所得的淨利是二・五億美元，比原來的計劃還多了十倍。

尤伯羅斯本人也得到四十七萬美元的紅利。在閉幕式上，國際奧委會主席薩馬蘭奇向尤伯羅斯頒發了一枚特別的金牌，媒體稱這面金牌為「本屆奧運最大的一枚金牌」。

俄國作家契訶夫曾經寫道：「你知道才能是什麼意思嗎？那就是勇敢、開闊的思想，以及遠大的眼光。」

不具備開闊的思想及遠大的眼光的人，即使開創出再怎麼偉大的事業，也只不過是一時的僥倖，所能維持的也僅僅是短暫的瞬間。

唯有具備不怕失敗的勇氣與鬥志，凡事從各個角度思索，才可能打造最成功的人生版圖；一個不敢迎接生命中的各種挑戰，不敢大膽設想的人，成功之路終將是遙遙無期的。

在現在人的觀念看來，舉辦奧運能賺大錢已經是衆所皆知的事，但是在當時卻是前所未有的創舉。

尤伯羅斯的成功例子，說明了突破傳統的窠臼需要自信和勇氣，更需要一些高明的創新手法。

扭轉既有的事實需要冒險，但是，新大陸往往就是這樣被發現的。

別讓小心變成多疑

多疑有時可以讓你遠離陷阱，但是，多疑也容易讓你掉入自己打造的牢籠之中。

俗話說得好：「不聽老人言，吃虧在眼前」，但是也只有一句話，叫做「倚老賣老」；究竟哪些人的話可以相信？哪些人的話不要盡信？輕易相信別人，你可能會上了別人的當，但是不相信別人，你可能又會以小人之心度君子之腹。人生的每一步，其實都是一種抉擇。

阿彬的家住在山丘上，每天下班後，他都要先搭公車到山下，然後再走一大段崎嶇的山路，才能抵達家門。

有一天，工廠加班趕工，阿彬工作到了深夜，下班後，搭同事的便車到山腳下時，天色漆黑一片。

當他走在那段山路上時，突然狂風大作，烏雲密佈，一道閃電打下來，附近的路燈突然熄滅。

此時，阿彬的心情非常緊張，便加快步伐趕路。他越走越快，不知不覺地跑了起來。在倉促間，阿彬突然腳下一滑，整個身子便往下掉……

在千鈞一髮之際，阿彬順手抓住了一根樹枝，驚慌之餘，他把身體的重量全部攀附在樹枝上。

四周仍是漆黑一片，阿彬低頭往下看，什麼也看不到。他用雙手緊緊地抓住樹枝不放，深怕一放手，腳下便是無底深淵，自己可能再也見不到明天的太陽了。

阿彬無數次地高呼「救命」，希望能碰到路人，把他救上來。不知道過了多久，他終於聽到上面傳來一個聲音：「年輕人！是不是你在喊救命？」

「是啊！求你好心救救我！」

「你要我救你並不難，但是你一定要相信我！」那個人回答。

「好，我一定相信你！」

「真的相信？」

「真的！」

「那好，你就放開你的雙手吧！」

阿彬聽了更加用力地抓緊樹枝，心想現代人真沒有道德良心，不僅見死不救，還想要落井下石。阿彬大聲咒罵那個想害他的人：「你不安好心，想害死我，我才不會相信你呢！」

那個人聽了，沒說什麼，只是搖搖頭走了。

阿彬繼續抓著樹枝苦撐著，隨著時間流逝，他的手麻了，腳也痠了，全身無力。阿彬終於再也堅持不下去，他的手越來越虛弱，漸漸抓不住樹枝，整個身體像顆球般向下墜落。

「這下子可完了！」阿彬閉緊眼睛，準備迎接死期。但還沒等他叫出口，他的腳便落在堅實的泥土地上。

天終於亮了，阿彬看到那個令他跌落的坑洞，不過是個階梯，他緊緊攀附的樹枝距離地面根本不到兩公尺。阿彬非常懊悔，如果自己能夠相信那個好心的人，不早就轉危為安了嗎？

多疑有時可以讓你遠離陷阱，但是，多疑也容易讓你掉入自己打造的牢籠之中。惡意就像一層玻璃，當這層玻璃在別人心裡時，你不一定看得到，但是，當這層玻璃擺在你自己心裡時，你透過它，看到的每一件事情都會是負面的。

當別人絞盡腦汁想加害於你時，你無法洞燭機先，預防即將來臨的災難，但是你至少可以褪下自己心房前的那層玻璃，不要讓自己成爲絞盡腦汁，用有色眼光看待別人的人。

這個世界，需要你去「對待」的人很多，但是需要你去「對付」的人並沒有那麼多。

知道極限才能突破

試著了解自己，並接受自己。當你可以自在大方地笑談你的優缺點，自然能夠引起別人的共鳴，又怎麼會懷才不遇呢？

人們經常感嘆自己懷才不遇，但是，被問到長處、優點在哪裡，卻又支支吾吾，或是一問三不知。

了解別人不容易，了解自己更是高難度。當你真正看清楚自己，你才能認識自己的極限，充滿信心地衝破極限。

一九六〇年，甘迺迪競選美國總統時，是歷來最年輕的候選人，許多民眾雖然欣賞他的聰明才幹，但是不免還是有一些疑慮。

雖然他看起來穩重老成，可是年齡似乎不太具有說服力，美國歷史上從來沒有這麼年輕的人當總統。

另外，他的宗教信仰也是民眾再三考慮的焦點；甘迺迪是個天主教徒，而當時天主教徒只佔美國公民的十分之一。

甘迺迪面臨來自四面八方的壓力，他心裡清楚大家的想法，知道自己的弱點在哪裡，可是他非但不聲東擊西，用迂迴手法來逃避這些問題，反而針對大家的疑慮挑明了說，盡力把自己的缺點轉化為優點。

競選對手曾經當眾攻擊他：「要當總統，白頭髮總得要有幾根吧？」

但是，甘迺迪絲毫不覺得這是問題，他笑著回答：「頭髮白不白和當總統沒什麼關係，最重要的是，得看頭髮下面有沒有東西！」

針對自己的宗教信仰，甘迺迪自信滿滿地說：「正因為天主教徒是美國的少數，如果由天主教徒當上總統，就表示這個國家尊重少數公民。我們開國以來，一直推廣人人生而平等的精神，可以由此得到印證，以後黑人、黃種人，或是其他宗教的信徒，都有當總統的權利。」

甘迺迪的解釋一掃大家心中的疑慮，不但獲得廣大的票源支持，更凝聚少數公民的票源。

團結力量大，當每一個少數族群都結合起來，便成了多數；甘迺迪因此順利當選美國總統。

俄國大作家高爾基曾在作品中寫下一段勉勵世人的話語：「人的天賦就像火花，可以熄滅，也可以燃燒起來。逼它燃燒成熊熊大火的方法只有一個，那就是把握有限的時間，努力再努力。」

想要成功，就要學習甘迺迪總統，不能做「言語上的巨人，行動上的侏儒」，必須採取行動，以積極的做法實踐腦中的想法。

甘迺迪最成功的地方，就是他知道自己有幾分能耐，做得到的事情他當仁不讓，無法改變的弱點也毫不避諱。

他懂得把自己的長處放到最大，把自己的短處縮到最小，甚至把最讓某一部分人疑慮的地方，轉化為讓另一部分人支持的優點。

這樣的人，當然具備成為美國總統的資格。

在你眼中的優點，有可能成為別人眼中的缺點；當然，你自己耿耿於懷的缺點，也有可能會成為你最可愛的地方，最重要的是，你要試著了解自己，並且接受自己。當你可以自在大方地笑談本身的優缺點，自然能夠引起別人的共鳴，又怎麼會懷才不遇呢？

6.
PART

相信自己，未來就在你手中

聽見內心最深處的聲音，
留意每一個來自心裡的感覺，
面對它，重視它，
更重要的是，
要相信成功和信心是一體兩面。

充滿自信就能抓住人心

在競爭激烈的不景氣年代，不論企業或個人，想讓自己找到出路，就必須換個角度看事情，改變那些一成不變的守則。

什麼樣的公司最能抓住員工的心呢？

現代年輕人提出「事少、錢多、離家近」的三大原則，但是，眞的遇到那樣的公司，你覺得它會有多少前途呢？

眞正好的公司，是即使「事多、錢少、離家遠」，大家都仍願意爲它貢獻心力的公司。

星期六下午，所有員工都休息度假去了，美國休帕公司的老闆卻悄悄地在工廠裡巡視。

他發現那裡的實驗庫房區上了鎖，便跑到維修部門，找來一把螺絲起子，把庫房門上的鎖撬下來。

星期一早上，上早班的人在庫房門上發現一張字條，上面寫著：「永遠不要把這道門鎖上，謝謝！」

工廠裡人來人往，實驗庫房是何等重要的地方，豈能容許別人隨意進出，為什麼不要上鎖？

其實，這正是休帕公司不同凡響的一種表現，老闆把自己對員工的信任充分表現在「實驗室庫房開放政策」上，

公司的工程師不僅可以自由出入庫房，取用所需的物品，而且還鼓勵他們把零件帶回家使用。

老闆說，不管他們拿這些零件或設備去做什麼，不論和他們的工作有沒有關係，只要他們願意花時間在這些零件和設備上，為公司也好，為家裡也好，他們

總會學到一些東西，從而加強對公司技術的革新能力。

這一項政策，正是根據他們「以人為中心」的經營哲學。

只要加強全體員工對公司的參與度，大家便能以公司及自己的部門感到自豪。即使在休息的時間，大家互相討論的仍是對公司產品提升的看法。

每一個人都以公司為自己第二個家，如此還怕員工們不盡心盡力，公司不日漸茁壯嗎？

當七〇年代面臨經濟大蕭條時，老闆更是以身作則，從自己到底下的基層員工，由於大家都少了十分之一的工作量，因此每個人的薪水也減少十分之一。

他們沒有解僱一個人，也沒有一個人提出辭職，彼此犧牲奉獻、合作無間的精神表達無遺。

後來，經濟學家把這種「培養團隊精神，以人為核心」的經營哲學稱為「休帕法則」。休帕公司的老闆說：「這些方式雖然聽起來有些陳腐，但是我們由衷地、誠心誠意地相信這種哲學。」

一個人對事物的偏狹看法，就像是內心有著一張充滿黏性的蜘蛛網一樣。這張網會不斷地纏住自己的腦袋和眼睛，把所有錯誤的看法集中到自己的日常生活之中。

在競爭激烈的不景氣年代，不論企業或個人，想讓自己找到出路，就必須換個角度看事情，改變那些一成不變的守則。

再多的經營守則，再多的領導方略，也不如一句「以人爲本」那樣的深得人心。企業經營看似複雜，說穿了也不過是處理另一層人與人的關係。只要以人爲前提，把利益擺後，老闆和員工也可以是最好的夥伴。

社會是一個圓，你付出了什麼，你也就會得到什麼；好的開始通常能導致好的結果。只要一路上，你都本著一顆歡喜心，歡喜做、甘願受，哪還有不成功的道理？

相信自己，未來就在你手中

聽見內心最深處的聲音，留意每一個來自心裡的感覺，面對它，重視它，更重要的是，要相信成功和信心是一體兩面。

電影人人愛看，然而若是在心靈中放映的「電影」呢？你是否會感到疑惑、害怕，甚至想逃避，不敢面對？

有人說，夢境反應著現實生活，夢中的景色、情節、人物等等，都和日常的生活經驗息息相關，只要我們正視它，就能發現其中的相關與奧妙。

但夢境畢竟是虛幻的，因此許多人選擇一笑置之。可是，內心的聲音，潛意識中出現的直覺呢？

人往往相信看得見的具像事物，卻不願意聆聽心靈給予我們的訊息。我們的直覺有些是來自於本身的知識判斷，但是因爲我們對自己沒信心，而忽略了這個無窮的力量。殊不知，那些奇蹟都因爲直覺加上信心，才能創造出前所未有的局面。

康拉薩．希爾頓曾是一名飯店經理，後來建立了聞名國際的希爾頓帝國。他認為自己能擁有如此的成績，是因為相信直覺，相信自己擁有靈活且敏感的預知能力。

就像某次，他打算買下一間芝加哥的老旅館來改裝經營，拍賣會決定由出價最高的人得標，而投標的數字將在開標當天公布。

開標的前幾天，希爾頓設定了一個數目，十六萬五千美元。但就在投標的前一天晚上，他在睡夢中感到一陣心煩，似乎有什麼事不對勁，強烈的感覺到這次的投標會失敗。

再三考慮後，希爾頓決定再將價錢提升到十八萬美元。

開標後，希爾頓果然順利得標，而且比第二名投標者的十七萬九千八百美元只多出兩百美元。

大家都覺得希爾頓真是太幸運了，然而他本人卻認為，這全是因為聽從內心的聲音。由於來自內心的預感總是在關鍵時刻提醒了自己，因此希爾頓相當重視心靈深處的探索。

從年輕時，在德克薩斯州買下第一間旅館開始，他就不停地收集相關知識，雖然他並未仔細地研究、整理這些資料，但是這些知識一直潛藏在他的腦海裡，並整合成一個巨大且隱密的資料庫。每一次的決定，希爾頓都會聽從大腦告訴他的指令，當他覺得哪裡有問題時，便會靜下心來，聽聽內心的聲音，這些聲音也從沒有辜負他的期待。

希爾頓的直覺並非僥倖的碰運氣，他曾花過一翻苦心收集相關資訊，大腦也會在適當的時候提供他意見，提醒他該注意的地方。這樣的能力人人都有，可是能充分運用的卻沒幾個。

每一個人都是不平凡的，不過大多數人卻不明瞭自己的能力，庸庸碌碌過一輩子。根據統計，人的一生到臨終之前，只運用了百分之三至四的腦力，因爲缺乏對遠景、對心靈的再開發，所以沒有傲人的成就。

現代許多熱門的禪修課程主張的就是回歸到最原始、最純淨、最自然的心靈領域，如此才能聽見內心最深處的聲音。

只要我們願意，隨時都可以訓練自己達到這樣的境界，留意每一個來自心裡的感覺，面對它，重視它，更重要的是，要相信成功和信心是一體兩面。

發揮創意便會湧現商機

看起來似乎不起眼的東西，也會帶來商機。生活中處處充滿商機，只要仔細留意，一定會有發現。

準確地抓住時代的潮流與需求，知道顧客要什麼，就擁有商機。一個商品的賣點除了本身的價值，更在於它在社會上的價值，誰能最先發現並且把握它，誰就是贏家。

人的一生中，有許許多多的機會在等待著我們，不論是大是小，我們都要謹慎地面對它。或許今天錯過了，還會有其他的機會，但是如果我們一直沒有去察覺機會的本質與內涵，並加以運用，那麼即使機會抓在手中，也無法好好將它發

揮。

冰淇淋剛出現時，只能盛在盤子上吃，並不像現在有各式各樣的吃法。

一九四〇年的夏天，世界博覽會在美國的一個城市舉辦，短時間內，大批的觀光人潮湧入主辦城市，將會場擠得水洩不通。

哈姆威廉當時是個糕點小販，在主辦單位允許下，在會場外出售甜脆薄餅，隔鄰攤位則是一個冰淇淋小販。由於天氣炎熱，購買冰淇淋的客人也特別多，但是盛裝冰淇淋的小碟子不夠用，所以很多客人得排隊等其他人吃完，退回碟子，才能再盛上冰淇淋，趕緊吃上一口消暑解熱。

哈姆威廉看到這種情況，突然靈機一動，心想可以把自己的薄餅捲成一個小圓錐形，再將「錐子」倒過來，用來代替碟子裝冰淇淋，而且薄餅還可以當點心吃。當他一提出這個建議，很多顧客便群起效尤，並且吃得津津有味，後來所有客人都指名要用薄餅代替碟子裝冰淇淋。這種新奇的吃法，吸引了更多人前來品嚐，兩家攤子的生意因此絡繹不絕。

後來，甜脆薄餅經過多次改良，就成為我們現在常見的甜筒。

相同的創意發想，也發生在格林伍德身上。

格林伍德十五歲那年收到一份特別的聖誕禮物——一雙冰鞋。他從小就渴望有一天能在冰上滑冰，如今這個願望終於實現了。

格林伍德來到離家很遠的小河上，穿上滑冰鞋溜了起來，當時河水早已凍成厚厚的冰層，由於天氣太冷，溫度又不斷下降，風吹過耳朵，就像刀割般疼痛。他溜了一會兒，再也忍不住，就戴上罩住整個頭的皮帽子。

可是，這帽子把他的頭包得緊緊實實，不留一絲空隙，時間一長，汗水全悶在裡面，讓他覺得很不舒服。

伍德心想，要是有一個專門遮住耳朵的套子，一定會更舒適。回到家，他和媽媽討論過後，媽媽就按照他述說的形狀縫製一雙棉耳套。

格林伍德戴上棉耳套再度溜冰時，果然起了保暖的作用，很多人看見了，紛紛上前詢問，也希望能擁有一雙耳套。

後來經過多次改良，耳套做得更加舒適、美觀且實用，於是他們向美國專利局申請了專利權，稱它為「綠林好漢式耳套」。

美國作家庫爾特·馮尼古特在《第五號屠宰場》裡寫道：「生活是美好的，每個人都有過相當多機會，無論你是否利用過。」

不管是甜筒或耳套，這些看起來似乎不起眼的東西，也會帶來商機，甚至擁有智慧財產權，可見創意的背後利潤相當龐大。

生活中處處充滿商機，只要仔細留意，一定會有發現。

無論古今中外，成功的人通常具備一種特質，那就是「精益求精」。只要對自己的工作投入、充滿熱忱，我們就會從過程中發現問題，並且設法處理。把這樣的精神運用在生活中，成功的機會自然也比別人多。

把握機會，善用機遇，別讓它從你手中悄悄溜掉。

生命無絕對，把握當下才最正確

生命從來就不是「理所當然」的。我們唯一能做的，就是好好抓住當下，讓生命不虛度、不白活。

曾在某位作家的著作裡，看過如下這樣的句子：「壓力，可以調動出生命的全部力量。」

生命的力量，常常隱藏在生活之中，被許多細細瑣瑣的雜事牽絆；它是最爲純粹的本能，卻也最容易被我們遺忘，只有面臨極端嚴苛惡劣的情況下，這股強大的力量才會被激發出來。

這是一個真實的故事。在美國，有一位離婚的婦女，因為違法受到指控，被關進拘留所。

在拘留期間，她的前夫發現情況不對，趕去她家看孩子，這才發現不到三歲的女兒獨自坐在地上看電視，沒有人照料。而這一天，離那位母親被抓已經十九天了。

報導中指出，原來這位婦女並沒有告訴警察自己還有一個小女兒，更沒有告訴任何人自己將年幼的女兒一個人留在家中。

在這十九天裡，聰明的小女孩把冰箱下層搆得著的、可以吃的東西全部吃掉了，甚至包括一瓶辣椒醬。新聞記者除了譴責這位狠心母親的不道德與不負責任之外，更是驚嘆於女孩的求生本能。

透過這件新聞，我們可以驗證出一個道理：在危難的時刻，人的確可以被激發出前所未有的潛能。

因爲把「活下去」這件事視爲理所當然，我們才會總是在遭受不順利的時候，冒出輕生的念頭，但是當一個人連基本的生命存續都出現問題時，「如何活下去」往往變得比什麼都重要。

問問那些有一頓沒一頓的人，問問那些陷入饑荒國家的群眾，問問他們，「你是否想過自殺？」

我們很幸運，生在一個多數人都不必擔心溫飽的地方與時代。然而就是因爲這樣，很多人同時也忘了人類與生俱來的奮鬥勇氣。

生命從來就不是「理所當然」的。對很多人來說，要靠無窮盡的奮鬥、對抗、折磨，才能夠換得一日的生命。即便富足如你我，也永遠不知道什麼時候自己會面臨同樣的命運，因此我們唯一能做的，就是好好抓住當下，讓生命不虛度、不白活。

不要為自己設限

人生中的災難常常不會是死路一條，而是一個讓你重新發現自己，重新評估自己、檢視自己「能與不能」的絕佳機會。

英國有一句這樣的成語：「沒有希望的地方，就沒有奮鬥。」你的希望有多高，奮鬥的目標有多高，就一定可以讓自己跨上那樣的高度。沒有什麼是不可能的，除非你自己這麼認爲。

有一位生物學家，將一群跳蚤放入實驗量杯裡，上面蓋上一片透明玻璃。跳蚤跳著跳著，紛紛撞上蓋在上頭的玻璃，不斷發出叮叮咚咚的聲音。

過了一會，他將玻璃蓋拿開，所有的跳蚤依然在跳，只是將跳的高度調到接近玻璃，以避免撞到頭。結果打開蓋子觀察了半天，這些跳蚤竟然沒有一隻跳出量杯。或許你會覺得很奇怪，跳蚤可以跳到自身高度的一百倍以上，怎麼會在短時間內變成這樣呢？

生物學家最後解開了這個謎題。這些跳蚤並不是生理上「跳不高」，只是牠們覺得「再往上會撞到頂」，因此侷限了自己的跳躍能力。換句話說，牠們已經「適應」了環境，不再挑戰那塊玻璃蓋了。

不過，生物學家也發現，當他把量杯底部用火燒熱，所有的跳蚤又會發揮求生的本能，全都跳出量杯之外。

一時的制約讓跳蚤相信自己的力量「只有如此而已」，因而調整跳躍的高度，只爲了害怕一而再、再而三的碰壁。原先可以跳起高於自己百倍的生物，卻因爲心裡那面「隱形障壁」的存在，終而越跳越矮，直至將自己的天賦與身體侷限在一個小小的瓶子裡。

很可悲，不是嗎？但這就是生物發展出來的「生存法則」，是牠們對自己所處環境做出來的調整。人又何嘗不是如此？

有句話說：「沒有希望的地方，就沒有奮鬥。」當我們放棄希望的時候，奮鬥也就戛然而止，再也不可能跳脫出自己設下的格局與限制。

生物學家可以用火讓這些跳蚤做最後的奮鬥，讓牠們爲了生存再度高高躍起，但在我們的人生當中，又有幾次這種「火燒屁股」的機會？

很多人遇到危機，不是想辦法撞破那面障礙，而是乖乖束手就擒、放棄求生，這是多麼愚蠢，又多麼叫人惋惜的行爲啊！

要知道，人生中的災難常常不會是死路一條，而是一個讓你重新發現自己，重新評估自己、檢視自己「能與不能」的絕佳機會。

因此，遇到困境時，千萬別輕易低估自己，不妨試著奮鬥到最後一刻，重新發掘自己體內潛藏的潛能！

自信就是坦然面對自己的缺陷

自嘲不是示弱的表現，而是一門「對自我缺陷坦然」的藝術，可以讓你以更自信、更客觀寬容的角度面對自己與他人。

西方有句諺語是這樣說的：「幽默來自智慧，而惡語來自無能。」

然而，即使我們應該都同意這句話，但卻有許多人分不清楚什麼是幽默，什麼又是惡語。

幽默與惡語之間最大的區別，就是惡語者損別人，幽默者笑自己。

在一個盛大的聯誼晚會上，酷男靚女們打扮得漂漂亮亮，每個人都想要在舞池中與心儀的異性相擁，一同翩翩起舞。

與會的女性們一個個坐在舞池邊，等待男士的邀請。很快地，穿著美麗禮服的女生紛紛被邀進舞池，舞會的氣氛即將到達最高點。

此時，一個個頭偏矮的男子，前來邀請一位高挑的女孩跳舞，只見他行了一個禮，開口說道：「小姐，不知道我是否有這個榮幸與妳跳一支舞？」

不料，女孩卻眉毛一揚，輕蔑地回答：「我從不跟比我矮的男人跳舞。」

男子聽了以後並不生氣，只是微微一笑說：「是嗎？那我真是武大郎開店，找錯幫手了。」

這時候，旁邊一位女孩立刻站起來，對那位男士說：「請讓我跟你跳舞吧！我很欣賞你這樣的人。」

一旁的人全都拍起了手，於是，兩人緩緩走向舞池跳起舞來，留下高挑的女孩待在原處，一句話都說不出來。

幽默能讓人莞爾，在真正的幽默中，我們能夠感受到智慧與修養。惡語則相反，因爲它本來就只是一種惡意，從惡語中，我們無法會心一笑、無法得到啓發，只是單純負面情緒的施放與累積。

一個總是取笑他人、拿他人的不足與欠缺來開玩笑的人，格調與精神高度，絕對無法與能夠幽默自嘲的人相比。惡語者不提自己的缺點，卻一直攻擊別人，正好就是他對於自己的缺陷難以釋懷的最佳證明。

故事裡矮個子的男生雖然沒有傲人的身高，卻擁有傲人的精神高度。這樣的人即使不是十全十美，但卻能夠擁有健康滿意的生命與人生感受。

要知道，自嘲不是示弱的表現，而是一門「對自我缺陷坦然」的藝術，可以讓你以更自信、更客觀寬容的角度面對自己與他人，這一點，對於每個人來說都是非常重要的。

不發揮天賦，便是對自己的辜負

任何一個有天賦的人，如果不能發揮自己的特長，不管擁有多好的能力，都只能留在原地踏步。

春風得意時，旁人恭維的話必定少不了，難免會讓人產生得意滿足的心理，日子過久了，就以爲可以高枕無憂而鬆懈了兢兢業業的精神，甚至因爲過於自滿而得意忘形。

這時候，只要隨便一個打擊，都很有可能讓人慘敗收場。因爲，忘卻了最初的堅持與努力，習於安樂之中，很容易讓一個人喪失鬥志。

勝不驕、敗不餒，別因一帆風順而放鬆了綁住帆布的線，否則大浪打來，隨時都要面臨翻船的危機。至於身處逆境也不必萬念俱灰，要知道條條大路通羅馬，只要懂得發揮天賦，人生的道路就不止那麼一條。

在一間理髮店裡，有一把非常漂亮的剃頭刀，光滑銳利的刀刃、雕刻花紋的木柄，顯得十分出色。

客人們都喜歡讓這把剃頭刀服務，不管是頭髮或鬍鬚，只要三兩下，就可以刮得清潔溜溜，舒服得像一雙巧手在臉上按摩。

有一天，主人出門辦事，剃頭刀突然興起一股念頭：自己工作那麼久了，每天望著玻璃窗外的街道，卻從來沒有到外面的世界冒險，一定得出去闖蕩一番。因此，剃頭刀將自己鋒利的刀刃抽出刀框，抬頭挺胸，昂首闊步地走出理髮店。才到了門口，燦爛的太陽光射來，照得刀刃閃閃發光，亮光折射到牆上，形成一幅動人的畫面，剃頭刀看得有些癡迷了。

「我是如此的光彩迷人，難道一輩子就只能待在那間小小的理髮店？」剃頭刀大聲地告訴自己：「不，我絕對不回去！我受夠了整天埋在一堆泡沫中，為粗

魯的傢伙刮著滿臉骯髒的鬍鬚和一頭雜亂的頭髮。像我這樣的高貴，怎麼可以繼續做那些粗俗的事呢？」

於是，剃頭刀找了一個偏僻的地方，將自己藏起來。

幾個月過後，進入了陰雨綿綿潮溼的秋天，躲起來的剃頭刀開始感到寂寞了，最後決定從隱居的地方出來透透氣。當它站起身子，離開陰暗的角落時，突然大叫一聲：「哎呀！不得了了！」

原來，剃頭刀的刀刃變鈍了，而且還長滿紅色的鐵銹，連漂亮的刀柄都被蛀蟲給咬出一個一個的洞，太陽再也無法在刀刃上映出光芒了。

剃頭刀跌坐在地上，難過地放聲大哭：「為什麼我那麼愛慕虛榮呢？我的主人是如此珍惜我啊！他那麼肯定我的工作能力，每天把我照顧得好好的，但是，看看現在的我成了什麼樣子啊！」

詩人歌德曾說：「即使是最偉大的天才，如果他把一切都歸功於自身，那麼他將無法再前進一步。」

任何一個有天賦的人，如果不能發揮自己的特長，不管擁有多好的能力，都只能留在原地踏步。

自滿的剃頭刀沾沾自喜於自己的才能，不再往前求進步，最後只能長出斑斑鐵銹，能力也枯竭了。

有時候，平淡也是一種絢爛的表現，不因高人一等而洋洋得意，反而能展現出成熟之美。每一個人都是塊美玉，唯有保持柔軟的心態，經過多次的磨製，才能散發出光彩來。

貪戀小利會讓人失去機運

忍耐不等於消極忍受，人要了解自己的能耐，勇敢主宰自己，不能光依賴一份小小的利益，便忘了所遭受到的不平等待遇。

現實環境裡，無可避免地會遇上許多不公平的事。

不管是誰，遇到了不合理的待遇，很少能無動於衷，只怕在「習慣」的催眠下，麻痺了自己的感覺而不自知，這才最讓人擔心。

有些人可以咬著牙，忍受不公平的待遇，因爲他們很清楚，這只是一時的情況，不會是一輩子。他們精打細算並期待著在這樣的環境中可以得到額外的利益，一旦時機來臨，就能馬上做出一番創舉。

年輕人較容易衝動，可能無法耐著性子忍受這樣的磨練，因此他們會挺身抗爭，說出自己的不滿，或許會跌得鼻青臉腫，但這也沒什麼不好，有時候就是需要一些不同的聲音來平衡時局。而且，年輕就是本錢，跑累了，休息一下，又可以重新出發。

楚國有一個靠養猴維生的人，大家都叫他狙公。他每天訓練猴子雜耍，到市場表演給外地人觀賞，賺取一些費用。

除此之外，每天早上他都會將所有的猴子集中在庭院裡，分成幾小隊，並且讓年紀大的猴子帶領年紀小的猴子進入山中採果實。

採下來的果實，他只把十分之一分給猴子當一天的所得，剩餘的除了留下來自己享用之外，還拿到市集販賣。如果有猴子不肯交果子，或者果子的數量不足，狙公就會拿起竹子狠狠鞭打牠們。所有的猴子都很害怕狙公，覺得日子過得很痛苦，可是又不敢違逆。

有一天摘完果實，又被帶到市集表演過後，所有的猴子都累得躺在地上。一隻年輕的猴子拿著手上分到的水果，疑惑地問起年長的猴子：「山裡面的水果都是狙公種的嗎？」

老猴子說：「當然不是狙公種的，是原本就生長在那兒的。」

年輕的猴子又問：「除了狙公外，其他人都不可以摘那些果子嗎？」

老猴子遲疑了一下，回答道：「不，只要想要的，大家都可以去摘。」

年輕的猴子說：「既然如此，那我們為什麼還要辛辛苦苦為他工作，然後領取那一點點的果實呢？為什麼不為自己摘取就好？」

所有的猴子聽到這番話，都突然頓悟了。那天晚上，趁著狙公熟睡的時候，牠們悄悄破壞籠子，並把狙公放在倉庫裡的果實統統拿走，逃往山中，不再回來，狙公失去賴以維生的猴群，就這樣餓死了。

人生最重要的，就是做自己的主人，如果自己不能爲自己下決定，那麼這個社會陷入混亂是遲早的事，因爲每個人都得受限於別人。當然，要當自己的主人，也是有先決條件的，那就是要對本身的人格特性清楚了解。

一生中，難免會遇到挫折與打擊，或者處於困境中無法逃脫，這時候忍耐的功夫就很重要了，但是忍耐不等於消極忍受，而是爲了度過黎明前的黑暗。人要了解自己的能耐，勇敢主宰自己，不能光依賴一份小小的利益，便忘了所遭受到的不平等待遇。

或許忍受能換得生活無虞，但是這就像由沙雕成的城堡，看起來雖然美麗，一旦大浪打來，終將化爲烏有。一味依賴別人，當你沒有利用價值時，極有可能被一腳踢開，一切成空。

7. PART

充滿信心
就能抓住人心

自信讓成功者相信自己的勇氣，
思考組織力讓成功者清楚看到人生的方向，
良好的身心狀況則讓成功者積極面對未來。

有磨練，才能承受更大的考驗

沒有肥沃泥土成長的種子，必須經過一番奮鬥才能夠成長、開花，但它的生命力一定也比那些養尊處優的種子要堅強得多。

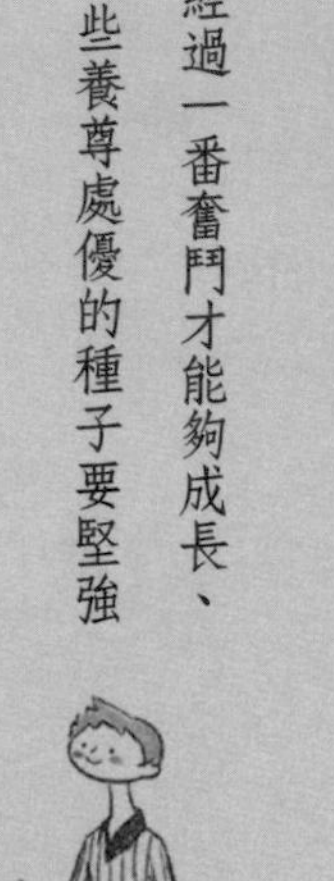

記得曾在一本書中讀到這樣的句子：「種子不落在肥土而落在瓦礫中，有生命力的種子絕不會悲觀和嘆氣，因為有了阻力才有磨練。」

生來就落在肥土上的種子，沒有機會瞭解「奮鬥」是怎麼一回事，可能就在原地慢慢成長、慢慢開花，從而渡過平凡的一生。

那些落在瓦礫中、石縫中的種子，從小就得要花上比其他種子多上好幾倍的努力，才能夠綻放出美麗的花朵，相較於那些一生順遂安逸的同類，所經歷的，

自然是另一番不同的風景。

有一個年輕人，因為家貧沒讀多少書，於是來到城裡，想找份工作。可是他發現因為自己沒有文憑，只能到處碰壁。

就在他決定要離開那座城市時，忽然想寫一封信給當時很有名的銀行家羅斯。他在信裡抱怨了命運對他是如何的不公，還說：「如果您能借一點錢給我，我會先去上學，然後再找一份好工作。」

信寄出去之後，他便一直在旅館裡等，幾天過去了，他用盡了身上的最後一分錢，也將行李打包好了。就在他準備放棄時，卻接獲房東通知，告訴他銀行家羅斯捎來了一封信。他非常興奮地將那封信拆開，滿心以為裡面會有支票掉出來。

但事實是，羅斯並沒有對他的遭遇表示同情，而是說了一個故事。

羅斯說：在浩瀚的海洋裡生活著很多魚，那些魚都有魚鰾，但是唯獨鯊魚沒有魚鰾。沒有魚鰾的鯊魚照理來說是不可能活下去的，因為牠們行動極為不便，很容易沉入水底，在海洋裡只要一停下來就有可能喪失生命。為了生存，鯊魚只能不停地運動，多年後，鯊魚擁有了強健的體魄，更成了同類中最兇猛的魚。最後，羅斯告訴他，這個城市就是一個浩瀚的海洋，擁有文憑的人很多，但成功的人很少，而你現在就是一條沒有魚鰾的魚。

那天晚上，這位年輕人躺在床上久久不能入睡，一直反覆思考著羅斯告訴他的這番話。第二天，他堅定地告訴旅館的老闆，只要給一碗飯吃，他可以留下來當服務生，一分工資都不要。

旅館老闆不相信世上竟然有這麼便宜的好事，很高興地將他留下來工作。從此，這個年輕人加倍奮鬥，下定決心一定要在這個城市裡闖出名堂。

十年後，他擁有了令全美國羨慕的財富，並且娶了銀行家羅斯的女兒，他就是石油大王哈特。

一般的年輕人剛畢業或準備畢業前，發現自己根本找不到工作，都會希望借到一點錢唸書進修，加強自己，然後得到一張文憑，再出來找工作。

大部分的人都陷入了這樣的思考邏輯，總認爲沒有文憑或沒有某項技能的自己是不足的，因而一心所繫，只在於將那「不足」的補足，讓自己能跟別人一樣「平起平坐」。可是，這樣的想法卻有個盲點：要加強自己、要爬得更高，不一定要靠學校給我們的那一張紙。

沒有魚鰾的鯊魚，雖然必須付出更多努力才能夠生存，但也因此造就了不須依賴魚鰾的強健生命；沒有肥沃泥土成長的種子，雖然必須經過一番奮鬥才能夠成長、開花，但它的生命力，一定也比那些天生養尊處優的種子要堅強得多了。鯊魚與種子，都因爲自己「沒有」天生的優勢，因爲自己「不如人」，而造就了它們更強韌的意志與生命。

這個道理，哈特領悟到了，所以他不再坐著等待讀書、得到文憑的機會，而是思考自己該如何超越那些已經有文憑的人。這樣的思維，也讓書唸得不多的他不但沒有「矮人一截」，反而還「高人一等」！

先認清方向再力求表現

力求表現的人很多，但是能夠顧全大局的人卻很少，真正的英雄，不是強出頭的人，而是默默支撐大局的人。

眞正出眾的人，不一定具備最良好的技能和才華，但是，卻一定具備相當的眼光與理想；在重要關頭，他不一定會跑第一個，卻永遠能充滿自信地選擇最正確的方向跑。

一家大公司高薪禮聘司機，這個司機將負責為老闆開車，對老闆的身家安全關係重大，不論人品、技術和化險為夷的本領都相當重要。因此，由老闆親自擔任招聘的主考官。

徵才廣告刊登後，應聘者絡繹不絕，經過幾輪專業技術考試和性向測驗，終於篩選出四個最優秀的人才。這四個人駕車技術在伯仲之間，各項筆試的成績也難分軒輊。最後，老闆問每一位應聘者這樣一個問題：「如果有一天你開車開到懸崖邊時，你最多能開到多近才停止？」

第一個人當過汽車教練，自信滿滿地回答說：「我可以開到離懸崖三十公分的地方停止，甚至更近一些。」

這對他來說只是雕蟲小技，他拍著胸脯保證。

第二個人從前是個賽車手，開車的技術十分高超，語氣輕鬆地說：「我可以開到懸崖的最邊緣，保證既刺激又不會出任何問題。」

第三個人當過軍人，回答也很特別，畢恭畢敬地說：「您希望我開多近，我就開多近，我的職責就是隨時遵從老闆的安排。」

好一個聰明又狡猾的答案！

第四個人想了想，很誠實地說：「老闆！我從來沒有開車開到懸崖邊，所以不知道我可以開得多近，但是我想，我應該會把車停在離懸崖最遠的地方，因為懸崖邊太危險了。」

第二天，招聘的結果出來了，第四個人被老闆高薪錄用。

生活中遇到的，諸如人際、慾望、工作、心靈等問題，與其說是一種困境，不如說是教我們做好一個「人」的生命練習題。只要從中明白了世事運轉的基本原則，就能知道何時該順勢而爲，何時又該力圖改變。

成功的人往往不是那些才華出衆的人，而是那些知道輕重緩急，知道先認清方向再力求表現的人。

司機肩負著保護老闆的責任，當開車開到懸崖邊時，不是炫耀自己技術的時候，而是以老闆安全爲重的時候。孰爲本孰爲末，相信聰明的你，一定能理解這個道理。

力求表現的人很多，但是能夠顧全大局的人卻很少，正因爲如此，造成了整個社會金字塔的傾斜。眞正的英雄，不是強出頭的人，而是默默待在幕後，用全身力量支撐大局的人。

儘量滿足別人的願望

重要的不是結果，而是你對別人的那一分心意；只要你給予的是別人所想要的，無論多或少，感恩的心都一樣不會少。

你知道什麼樣的人最容易往上爬嗎？就是看見別人的需要，然後盡力去滿足對方的人。

換個角度想想，如果有個人盡全力地想要爲你達成願望，無論他最後有沒有幫上忙，你難道不會深受感動？不會想用心回報他嗎？

先達成自己的願望，就先滿足別人的願望！

當全世界的人都被你的心意感動，都將心比心地對待你時，你想不往上爬也難！

豐臣秀吉是日本戰國時代權傾一時的霸主。他結束戰亂後，地位在一人之下，萬人之上，很少人敢當面對他說個「不」字。

有一次，豐臣秀吉心血來潮，突然命令屬下做好準備，次日一早隨他上山採蘑菇。雖然只是個簡單任務，但是他的那一幫部下可都急壞了。當時炎炎夏日，早已過了採蘑菇時節，山上哪裡還找得到蘑菇啊！但是，萬一不能讓大人得償所願，老虎一怒之下大發雷霆，不知道又有多少人要遭到池魚之殃，那可不是開玩笑的。

部下們徹夜難眠，絞盡腦汁，終於有一個聰明的人想出一條計策。他們到附近村落緊急收購一批蘑菇，利用整個晚上的時間把它們插到豐臣秀吉要去的山上；只見沿途滿山遍野都是新鮮蘑菇，看起來跟從泥土裡長出來的一模一樣。

第二天一大早，豐臣秀吉便帶著下屬們來採蘑菇了。

「啊呀！這蘑菇長得真好，沒想到現在還有這麼新鮮的蘑菇！」豐臣秀吉心花怒放，頻頻讚嘆道。

「其實，這些蘑菇是他們怕大人您採不到而降罪，昨天晚上連夜插上去的。」一個心腹在大人耳邊偷偷告密。

豐臣秀吉點了點頭，嘆了口氣說道：「別忘了，我也是農民出身的，怎麼會看不出來其中的蹊蹺呢！大家為了我的一點興致而辛苦了一夜，這分苦心，我相當明白，又怎麼會怪罪大家呢？為了表示我的感謝，這些蘑菇就分給你們去品嚐吧！」

是什麼讓這隻容易發怒的「老虎」變得如此體恤人心呢？

聰明的下屬巧用心機，只爲博得大人一笑而煞費苦心；這分苦心，正是對豐臣秀吉無聲的奉承，讓他明白自己的地位崇高，部下們甚至願意不擇手段來滿足他的願望，有部屬如此，夫復何求？想到這裡，豐臣秀吉的心裡自然會感到相當滿足。部下們雖然無法使這位沒有人敢對他說「不」的大人物放棄他不切實際的願望，卻也達到實際的讚美效果。

這則故事是要告訴你，只要盡力去滿足別人的願望，無論目標有沒有達成，你的汗水都不會白流；即使對方沒有實際的收穫，看在你如此絞盡腦汁的分上，也很難不被你打動。

很多時候，重要的不是結果，而是你對別人的那一分心意；只要你給予的是別人所想要的，無論多或少，感恩的心都一樣不會少。

換個角度，就能找到出路。每個人都喜歡「被重視」的感覺，何不多花點心思，去重視別人到底要的是什麼呢？

用幽默化解自己的窘迫

當你發送了一顆微笑因子，傳達至每個人的心裡，你會發現，只要還能笑得出來，事情根本沒有那麼嚴重。

無論發生任何困難，歡笑永遠是最有效的解藥，套句政治人物常用的話：「有這麼嚴重嗎？」

是的，凡事都沒有你想像中那麼嚴重；只要還懂得笑，還可以保持一分喜樂的心情，再怎麼嚴重的大事，都可以變得雲淡風輕。

當年雷根總統執政時，有一次在白宮舉行鋼琴演奏會，招待貴賓。

正當雷根總統在致辭時，總統夫人南西一個不小心，連人帶椅子由舞台上跌到台下。全場來賓都站起來驚呼，有的人顧著看熱鬧，有的人急著上前關切總統夫人的傷勢。

還好，地上鋪了一層厚厚的地毯，南西以優雅的舉止掩飾自己的疼痛，立刻靈活地站起來，重新回到舞台上去。

觀眾又疼惜又佩服，以熱烈的掌聲為她打氣。

中斷了演講的雷根總統，確定夫人沒有受傷之後，才清了清喉嚨說：「親愛的，我不是交代過妳，只有在觀眾忘了給我掌聲時，妳才需要做這種高難度的表演嗎？」

台下掌聲如雷，雷根總統成功地把夫人「不小心的意外」美化成「娛樂觀眾的表演」，大家對雷根總統的幽默留下深刻的印象。

又有一次，加拿大總統杜魯道邀請雷根總統到加拿大訪問。

正當雷根總統在多倫多的一處廣場上演講之時，遠處有一群示威遊行的民眾，不時高呼著反美口號，這群人罵聲隆隆，噪音震天，使得雷根總統的演說無法繼續下去。

這種場面讓杜魯道總統十分尷尬，貴賓遠道而來，「歡迎」他的竟然是這種場面；杜魯道總統恨不得能馬上挖個地洞鑽，頻頻向雷根總統表示歉意。

沒想到雷根總統卻說：「這種情況在美國比比皆是，屢見不鮮。這群人一定是從白宮前面一路隨我來到這裡的，他們是想讓我有賓至如歸的感覺，覺得來到這裡就像是回到家裡一樣。」

這麼一句話，輕鬆地化解了杜魯道總統的尷尬。

一個人能不能創造出一番成就，能不能戰勝逆境，關鍵往往在於是否懂得轉換角度，用幽默的態度面對眼前讓自己難堪的事。

雷根總統用幽默來化解危機，那你呢？

我們沒有古今名人的聰明機智，也沒有政治人物的無礙辯才，但是我們有嘴巴，也有表情。即使沒有妙語如珠的臨場反應，我們仍可以用微笑來表示我們的不介意，甚至哈哈大笑來取代場面的尷尬；就算你自認口才不好，笑一笑你總該會吧！

人與人之間什麼都很容易擴散，當你發送了一顆微笑因子，沒蓋你，這顆微笑因子馬上就會散佈到空氣中，傳達至每個人的心裡。你會發現，只要還能笑得出來，事情根本沒有那麼嚴重。

充滿自信，就能敲開成功的大門

自信讓成功者相信自己的勇氣，思考組織力讓成功者清楚看到人生的方向，良好的身心狀況則讓成功者積極面對未來。

成功之鑰掌握在有心人的手中，想要成功，必須放眼未來，正面積極的思考，隨時做好充分的準備，等待時機的來臨。

表現卓越的人清楚自己的目標，同時可以排除萬難去完成自己的目標，儘管這些目標常是別人眼中不可能做到的事情。

真正的成功者擁有冒險家的精神，也有企業家的特質，知道如何發揮才能，用敏銳的眼光掌握住每一個機會，善用人脈，發揮潛能。

世界聞名的希臘船王亞里斯多德．蘇格拉底．歐納西斯出生於土耳其西部的伊茲密爾，有著傳奇的一生。

有人認為他的成功是老天賜予的好運，但是真正了解他的人卻認為「勇於決斷」是他打開成功大門的鑰匙。

年輕時的歐納西斯是一個窮小子，在破船上做過工資低廉的工作，也在阿根廷的一家電話公司做過電焊工。

由於環境艱苦，為生活所迫，他常常一天工作十六小時以上。即便如此，他仍賣力工作，相信有一天必定能闖出自己的一片天。

有一次，歐納西斯偶然發現了阿根廷的煙草市場。他看準了機會，辭掉了工作，把所有的儲蓄投資在煙草上面。煙草生意漸漸穩固後，他明白想要擴展事業，光這樣是不夠的，於是將生意轉向貿易與運輸進口。一九三〇年時，歐納西斯已經成為希臘產品最大的進口商。

就在此時，發生了全球性的經濟危機，工廠倒閉、工人失業、經濟蕭條、民不聊生，連海上運輸也受到無情的摧殘，阿根廷的經濟陷入了深淵。當所有人都處餘絕望中時，只有歐納西斯鎮定地觀察一切。

為了渡過危機，當時的加拿大國營鐵路公司忍痛拍賣產業，將六艘價值兩百萬美元的貨輪，以每艘兩萬美元的價格拍賣。歐納西斯得知後像尋獲至寶一樣，火速前往加拿大商談買賣事宜。

那時，所有的人都認為他失去了理智，這樣做等於將白花花的鈔票丟入海中。歐納西斯婉拒了朋友的好言規勸，毅然決然買下貨輪。

事實證明，歐納西斯的眼光是獨到的，未來的發展果然如他所料，危機過後便是經濟復甦。海運業再度回到各業之首，歐納西斯從加拿大買下的船隻身價暴漲，使他一躍成為海上霸主，資產激增，成為了知名的富翁。

或許是幸運之神特別關愛歐納西斯，但不可否認的，他懂得尋找別人未發現的商機，並且有足夠的勇氣去執行與實現。

美國的語言學家約翰．格林和心理治療師理查．班德勒針對不同領域的高成就者進行研究調查，發現了研究對象具備的三大特色：充滿自信、思考組織力強、生理機能良好。

自信讓成功者相信自己的勇氣，思考組織力讓成功者清楚看到人生的方向，良好的身心狀況則讓成功者積極面對未來。

當我們羨慕這些成功人士，並急於了解他們的成功秘訣時，不妨先反觀己身，傾聽內心的聲音，了解需加強的部分，並相信自己就是下一個贏家，如此才能創造機會，打開屬於自己的成功之路。

與其悲觀、樂觀，不如保持客觀

當事情的演變不在你控制範圍之內，不如靜觀其變，當你的思慮越清明，煩惱也就會變得益發淡薄了。

大家都知道悲觀的人不足以成事，那麼，樂觀的人呢？

我們經常提醒別人要以樂觀的態度面對人生，但有些時候，太過樂觀反而會適得其反。

無論是悲觀或樂觀都未必妥當，最好的處世方式，還是客觀。

在西方流傳著這樣一個故事。

一百年前，一艘大輪船觸礁後，又在海上漂泊好幾天，眼看糧食就要耗盡，但是仍不見其他船隻的蹤影。得救的希望渺茫，船上的人心惶惶，大家都暗自禱告，心裡十分著急。

這時，一個悲觀的船員終於受不了內心煎熬，完全陷入絕望之中。他驚恐萬分，總是不斷地在甲板上高聲叫嚷：「這下子我們大家全完了，誰也活不成，我們早死晚死都是死，遲早會沉到海裡去餵魚，我真不甘心啊……」

這名船員整天抒發自己的恐懼情緒，卻搞得人心惶惶，全部人都陪著他一起陷入不安當中。

這樣的表演一天總要出現好幾次，終於引起公憤。部分船員看不慣他這種妖言惑眾、擾亂人心的做法，趁著一天深夜，七手八腳地把他丟進大海，並且對他說：「就由你第一個下海去餵魚吧！」

這名悲觀者死後，船上並未得到預期的平靜，因為這時又出現一位太過樂觀的人，取代悲觀者的位置，重拾起喋喋不休的鼓譟，只不過，他叫嚷的話題樂觀多了。

他說：「我們一定會得救的，因為我們還剩下幾十塊餅乾，每一塊餅乾可以維持一個人一週的生命，我們絕對不會餓死，一定可以撐到其他船隻來救我們……」

船員們發現，聽這種樂觀的鼓譟更糟糕，他只不過提醒其他人目前窘迫的處境，對建立信心毫無幫助。於是，他們也找了一個恰當的時機一起動手，把這名樂觀者也丟進海裡。

從此以後，輪船恢復寧靜。

沒有那兩個討厭的傢伙，大家心平氣和地等待救援。在大家心照不宣都快支持不下去時，輪船總算得救了。

用悲觀和樂觀來看世界，這兩種態度都很虛無，而且常常做出「置身事外的局勢評估」，根本於事無補。

作爲一個置身事內的人，你沒有必要爲還沒發生的事情下定論，你只能「務實地」尋找周遭已經出現的跡象，然後期望其中較好的新芽越長越茁壯。

當事情的演變不在你控制範圍之內，不要急著張望未來的發展；與其盲目的樂觀或悲觀，不如以冷靜的態度靜觀其變，當你的思慮越清明，煩惱也就會變得益發淡薄了。

調整好自己的心態，建立充分的自信，客觀審視事情的發展，將有助於你走好往後的人生旅程。

看到真相之前，不要妄下判斷

在看到事情真相之前，請不要強加判斷。萬一判斷錯誤，很有可能會弄巧成拙，變成真的。

世界就像一面鏡子，你怎麼看別人，別人就會怎麼看你。

不要埋怨別人對你不好，當你有這種想法時，你又怎麼會對他好呢？惡性循環，難道你自己一點責任都沒有嗎？

剛從公司加完班的阿德走在一條小道上。這是一條相當偏僻的小道，平時人煙稀少，今晚夜黑風高，四周更是一片漆黑，附近沒有任何商店，經過的車輛也少之又少。

阿德走著走著，突然不遠處迎面走來了一群人，深具危機意識的阿德忽然感到害怕。他想：「這個地方鳥不生蛋的，平常人沒事來這裡幹嘛？眼前的這群人一定是暴徒，或是強盜，搞不好還是毒販；四下無人，就只有我自己，我該怎麼辦？」

為了掩人耳目，阿德翻過附近的一道牆。牆的另一面是一塊墓地，阿德找一個可以藏身的角落就躲了起來。

他深呼吸幾口氣，企圖讓自己冷靜下來。腳步聲越來越近，阿德的心跳也越來越快；他不禁閉緊眼睛，告訴自己：冷靜點，只要這些人過去，就可以平安回家了。

但是，那批人的腳步卻突然停下來，接著傳來的是一陣翻越牆頭的聲響。完蛋了，他們一定是見我越過牆頭，所以才跟著過來。阿德緊張得不敢呼吸，更加肯定自己的推測沒有錯。

阿德內心滿是恐懼，那幫人是一群危險人物，現在他們正在找自己，一旦被發現了，他們有可能會殺人滅口的。但是身處險境的阿德完全束手無策，只好全憑運氣了。

不久，那群人發現了阿德，揪住他的衣領。阿德以為自己死定了，沒想到那些人卻問他：「你在這裡幹什麼？為什麼要翻牆？你是不是做了什麼壞事？是不是通緝犯？」

阿德一看，發現他們只是一群十七、八歲，還背著書包的學生，終於鬆了口氣。他笑著對他們說：「看！你們問我為什麼在這裡，我還想問你們為什麼在這裡呢！你們在這裡是因為我，而我在這裡也是因為你們哪！」

美國作家愛默生曾經說：「一個人抱持怎樣心態，他就是怎樣的人；一個人表現出怎樣行為，他也就是怎樣的人。」

對周遭環境所抱持的態度，正是一個人最好的寫照，如果你想改變自己的處境，那麼就要先改變你的態度。

人的恐懼、猜疑、不幸往往不是因別人而起；許多事情的始作俑者，其實正是你自己。

你越是這麼想，意識波越強，你的想法也就越容易成爲事實。

不管你用什麼眼光看待別人，回應你的，當然也是這種眼光。好的可能會更好，壞的只會更糟。

所以，在看到事情眞相之前，請不要強加判斷。萬一判斷錯誤，很有可能會弄巧成拙，變成眞的。

改變容貌不保證改變人生

有許多比你醜的人都能接受自己的樣貌，為什麼你這麼急於改變？也許你可以改變容貌，但是你能改變自己的人生嗎？

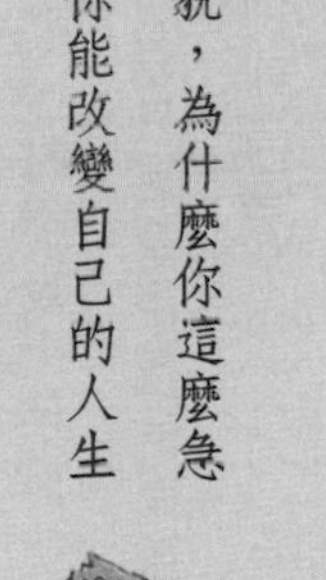

每個人都希望自己是俊男美女，最低限度也要是個「無印良品」，或是「高貴不貴」的金童玉女。但是，世界上卻不一定有這麼好的事，我們無法選擇自己的長相，只能儘量去接受，儘量喜歡自己的樣貌，反覆說服自己：這就是我。

藝人凌峰紅遍兩岸三地後，鼓舞了不少其貌不揚的人。

有一回，凌峰接受一個電視節目的邀請，當節目主持人侯玉婷介紹他出場時，只見他摘下帽子，露出招牌光頭，向觀眾深深一鞠躬後開口道：「各位朋友大家好！在下凌峰。」語畢，凌峰轉身向主持人說：「侯小姐！我很幸運又見到妳，而妳是很不幸又再見到我了。」

氣氛一下子變得熱絡，主持人笑了笑，立刻回答：「哪裡哪裡！請您談一下作為一個名節目主持人，有什麼感想好嗎？」

凌峰認真地想了一會兒，面向觀眾說：「我覺得我的先天條件要比別人好，許多男性觀眾只要看到我，就會覺得自命不凡，」這時台下響起熱烈的掌聲和笑聲，凌峰接著說：「你們看看，那些正在鼓掌的人，都覺得自己長得比我帥！」

觀眾反應更為熱情了，等到觀眾的情緒稍微緩和下來，凌峰繼續說：「我天生的好條件不只如此，就拿我的長相來說吧！我是生長在台灣的山東人，南人北相，所以南北通吃；而且我看起來一臉滄桑，打從幾十年前就長成這副德行了，似乎中國五千年的苦難都寫在我的臉上，所以只要是中國的同胞都非常歡迎我。」

主持人問：「中國這麼大，難道沒有例外的嗎？」

凌峰充滿自信，幽默地回答：「連少數民族都喜歡我，蒙古人喜歡我是因為我和他們一樣是單眼皮。西藏人喜歡我，雖然我和西藏人的信仰並不同，但是妳看，我這個長相，再披上件袈裟，像不像一個西藏喇嘛？」

全場觀眾大笑，那一集節目創下同一時段最高的收視率。

近年來，人工美女盛行，整型風潮當道，許多人對自己與生俱來的樣貌，從「不喜歡但是要接受」演變成「不喜歡就去改變」。整型成爲一種流行，卻引發更多問題：你是不喜歡你的臉，還是不喜歡你自己？有許多比你醜的人都能接受自己的樣貌，爲什麼你這麼急於改變？也許你可以改變自己的容貌，但是你能改變自己的人生嗎？

常常聽到一句話：「人的美醜不在臉上，而在內心。」

這句話本來是在強調內在美的重要，但是在今時今日，這句話卻有更深一層的意義：如果你喜歡自己，即使樣貌平庸也會變得容光煥發；萬一你缺乏自信，就算美若天仙，也只是一朵毫無朝氣的小花。你的樣子，不在於你眼耳口鼻的位置，而在於你看待自己的角度。

8.
PART

意志力
才是成功的關鍵

世上沒有無風無浪的旅程，
也沒有不曾受過傷的船。
命運畢竟還是公平的，
最重要的決定權在於人的意志。

意志力才是成功的關鍵

世上沒有無風無浪的旅程，也沒有不曾受過傷的船。命運畢竟還是公平的，最重要的決定權在於人的意志。

匈牙利詩人裴多菲曾說：「你要像一棵樹，大風將樹枝吹折，然而巨大的樹幹卻永遠挺直。」

我們的生命之樹，或粗或細，或大或小，但是它們都應該要能挺得住風雨、挺得住災禍，才能筆直向上，繼續吸收陽光、空氣與水的養分，才能延續自己的生命。

在有著悠久造船歷史的西班牙巴塞隆那，有一家著名的造船廠，已經有一千多年的歷史。這家造船廠從建廠的那一天開始就立了一個規矩，所有從造船廠出去的船，都要照樣打造一個小模型留在廠裡，並把這隻船出廠後的命運刻在模型上。

廠裡有房間專門用來陳列船舶模型，因為歷史悠久，模型數量不斷增加，所以陳列室也逐步擴大，從最初的一間小房子變成現下造船廠裡最宏偉的建築，裡面擺放著將近十萬隻船舶的模型。

所有走進這個陳列館參觀的人都會被那些船舶模型震懾，不是因為模型的精雕細琢，也不是因為造船廠悠久雋永的歷史，而是被每一個模型上雕刻的文字深深震撼！

與例來說，有艘名為「西班牙公主號」的模型上就刻著這樣的文字：本船共計航海五十年，其中十一次遭遇冰山，六次遭到海盜搶掠，九次與另外的船舶相撞，有二十一次發生故障拋錨擱淺。

每一個模型上都有著諸如此類的記載，詳細記錄該船經歷的風風雨雨。

在陳列館最裡面的一面牆上，是對上千年來造船廠所有出廠船舶的概述：造船廠出廠的近十萬隻船舶當中，有六千艘在大海中沉沒，有九千艘因為受傷嚴重不能再進行修復航行，有六萬隻船舶遭遇過二十次以上的大災難。從下海那一天開始，沒有一隻船未曾受傷。

現在，這個造船廠的船舶陳列館早已突破了原來的意義，成為西班牙最負盛名的旅遊景點，同時也是西班牙人教育後代獲取精神力量的象徵。

我們的生命，就像船廠裡陳列的大小船隻一樣，每艘船的命運雖然各有不同，但一樣會經歷風吹雨打以及日曬，甚至暴風雨的侵襲。同樣的，它們也會看到許多海上的奇觀，燦爛的日出與瑰麗的日落。

這些都是命運的一部分，那些災難與輝煌，最後都會鏤刻在船隻的每一吋木板上。雖說有的船運氣差，有的船運氣好，但只要船隻在海上航行一天，就得要遭受上天的考驗，輕者折損、重者沉沒。

世上沒有無風無浪的旅程，也沒有不曾受過傷的船。命運畢竟還是公平的，

最重要的決定權在於人的意志。只要意志堅強，就算船隻經歷了許多的風霜與磨難，還是能夠驅使著船，繼續向前航行。

即使船身已經破破爛爛，即使船桅斷了、船艙破了，只要掌舵的人永不言放棄，這艘船依舊能在大海中找到方向，朝著目的地前進。說到底，人生不也正是如此嗎？

懂得活用，就能輕鬆成功

不管是何種知識，絕不會沒有用處，除非你不知道該怎麼運用。只要懂得掌握，一定能夠為生活或工作帶來契機。

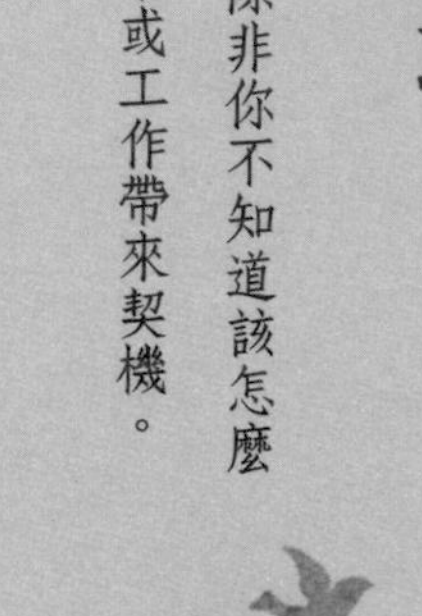

每個人都知道，做生意必須要有資本。沒有資本，就沒辦法進貨、租用店面、雇用員工、運作一間公司，等於什麼都別談。

所謂「沒本生意」，過去指的多是小偷、殺人放火這一類的勾當，若說一個人「大做無本生意」，就表示他根本就是個雞鳴狗盜之徒。

不過，隨著時代不斷變化，這個定義似乎也漸漸改變了。

五〇年代初期，有個叫丹尼爾的年輕人，從美國西部一個偏僻的山村來到紐約。走在繁華的都市街頭，啃著乾硬冰冷的麵包，他發願一定要闖出一片屬於自己的天空。然而，對沒有進過大學校門的丹尼爾來說，要想在這座競爭激烈的城市裡找到一份稱心如意的工作，簡直比登天還難，幾乎所有公司都拒絕了他的求職請求。

就在他心灰意冷之時，有一天，突然接到一家日用品公司捎來的面試通知，他於是興沖沖地前往面試了。但是，面對主考官有關各種商品性能和如何使用的提問，他卻吞吞吐吐一句話也答不出來。說實話，擺在眼前的許多東西，他根本從未接觸過，有的連名字都叫不出來。

眼看唯一的機會就要消失，在轉身退出主考官辦公室的那一剎那，丹尼爾有些不甘心地問：「請問閣下，你們到底需要什麼樣的人才？」

主考官彼特微笑著告訴他：「這很簡單，我們需要的是能把倉庫裡的商品銷售出去的人。」

回到住處，回味著主考官的話，丹尼爾突然有了奇妙的感想：不管哪個地方徵人，其實都是在尋找能夠幫自己解決實際問題的人。既然如此，何不主動出擊，尋找那些需要幫助的人？

不久，在當地一家報紙上，登出了一則頗為奇特的啟事：「謹以我本人的人身信用作擔保，如果你或者貴公司遇到難處，如果你需要得到幫助，而且我也正好有這樣能力給予幫助，我一定竭力提供最優質的服務……」

讓丹尼爾沒有料到的是，這則並不起眼的啟事登出後，他接到了許多來自不同地區的求助電話和信件。

原本只想找一份適合自己工作的丹尼爾，這時又有了更有趣的發現：老約翰為自己的貓咪生了太多小貓而發愁，而凱西卻為自己的寶貝女兒吵著要貓咪找不到賣主而著急；北邊的一所小學急需大量鮮奶，而東邊的一處牧場卻奶源過剩……諸如此類的事情一一呈現在他面前。

丹尼爾將這些情況整理分類，一一記錄下來，毫不保留地告訴那些需要幫助的人，同時，而他也在一家需要市場推展員的公司找到了適合自己的工作。不久，一些得到他幫助的人紛紛寄了匯款給他，以表謝意。

丹尼爾靈機一動，於是決定辭職，註冊了自己的「訊息公司」，業務越做越大，很快就成為紐約最年輕的百萬富翁之一。

這個故事告訴我們，在現代，我們都像丹尼爾一樣，有機會做「正當的無本生意」，只要你掌握到一件比錢更重要的東西：「資訊」。

資訊能夠轉換爲服務，就像知識能夠變成金錢，「知道某件事」在人類的生活裡，變得比過去更有價值。

思想家盧梭曾說：「問題不在於他學到的是什麼樣的知識，而在於他所學的知識要有用處。」

事實上，不管是何種知識，絕對不會沒有用處，除非你不知道該怎麼運用。只要懂得掌握訣竅，一定能夠爲我們的生活或工作帶來契機。

努力地往前看，因為未來就在前方

只要我們懂得珍惜殘缺人生中難得的擁有，那麼不管我們歷經多少不幸，我們都能感受辛苦中的甘甜滋味。

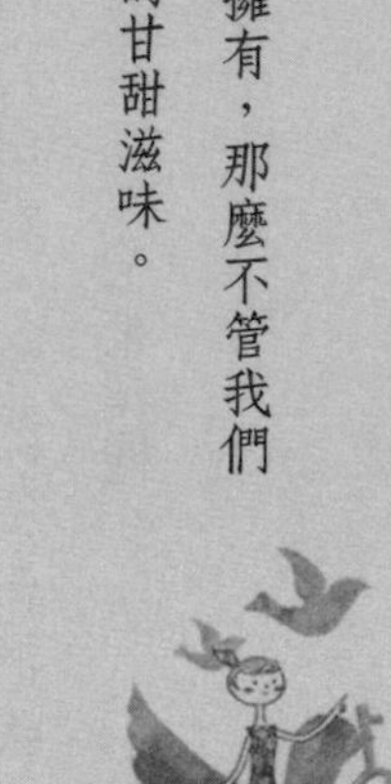

不斷地回想過去，我們能改變多少已發生的事實呢？

反覆地抱怨昨天的是是非非，事情又有多大的扭轉空間？

生活只有不斷地往前進，沒有太多的後退空間，我們唯有面對未來，努力地往前踏進，然後才能扭轉昨天鑄成的錯誤。

瓦魯瓦奇曾經寫道：「花草的茂盛與否，取決於根植的深淺，相對的，人生的成就如何，也取決於信心的強弱。」

人生的道路都是由內心世界的延伸，只要對自己充滿信心，不斷充實自我，每個人都能散發出獨特的魅力，改寫自己的人生。

想戰勝惡劣的環境，想活得比別人幸運，你就必須要求充滿「我一定可以」的信心。只要充滿自信，你就會是自己的幸運之神！

有兩個背景相似的亞洲孤兒，分別被歐洲人收養，在養父母悉心照顧下，他們不僅接受了完善的教育機會，更有安穩且幸運的未來。

但是，無論上帝給予人們多少的機會，總是會有人感到不滿足。這對幸運被收養的孤兒，如今都已來到中年，一個是位四十出頭的成功商人，另一位則是在校園裡教書。

有一天，兩個老朋友相約聚餐，在燭光下，他們很快地便進入外國生活的話題，然而不久之後，那位老師卻又進入了記憶裡的悲傷角落。

他回想著自己：「想起養父母當初帶我到遙遠的歐洲來，心中的孤獨有多少人知道，我是個可憐的孤兒，這段過去讓我十分痛苦。」

隨著他的怨氣越來越沉重，同是孤兒的商人朋友不禁感到厭煩，於是忍不住揮了揮手說：「夠了，你說完了嗎？別一直說自己的不幸，你有沒有想過，如果當初養父母在上千位孩兒中挑中別人，今天的你會在哪裡？」

這位老師不以為然地說：「你知道什麼？我不開心的原因是在……」

接著，他又將過去不公平的待遇再次陳述了一次。

商人朋友聽完後，搖了搖頭說：「我真不敢相信你到現在還這麼想，記得我二十五歲時，也像你一般，無法忍受周遭一切人事物，而且痛恨世界上的每一個人。總之，那時好像所有的人都故意要與我作對一般。在傷心且無奈的情緒下，我每天都極其沮喪地過日子，那時候的我和現在的你一般，心中充滿了怨懟與仇恨。」

「但是，那又如何？」商人輕輕地吸了口氣，接著又說：「幸好，我很快地找到了喘息的空間，我想勸你，別在那樣對待你自己了！認真地想一想，其實我們很幸運，至少你沒有像真正的孤兒那般悲慘一生，看看你自己，接受了那麼多的教育機會，也得到了那麼好的生活資源，這些擁有難道不足以讓你感到滿足與珍惜嗎？」

商人緩了緩自己的情緒後說：「我們現在有許多該做的事，首先是，不再自怨自艾，不再找藉口哭泣，而是要積極地幫助與我們遭遇相同的孤兒們，也能像我們一般，擁有自己的天空，也擁有幸福的明天。還有，只要你能擺脫顧影自憐的情緒，你便會發現自己有多麼幸運，然後你也會像我一般，獲得你想要的成功結果。」

教師聽見商人朋友直斥自己之非，心頭確實一震，卻也因此震醒了他幾十年來的錯誤心態。

當友人打斷他悲慘的回憶同時，他也搬開了生活中的大石頭。

只見身為教師的他，認真地點了點頭，說：「嗯，我明白了！我確實該重新選擇明天要走的路。」

沒有人能擁有十全十美的生活，但是只要我們心中充滿了十全十美的「滿足感」，那麼我們便已經擁有最富裕的人生了。

讀著故事中兩個人的生命態度，我們也領悟出一件事：「生活的幸福感是自己給自己的。」

只要我們能像知足的商人一樣，懂得生命中無法完美的另一種美，也懂得珍惜殘缺人生中難得的擁有，那麼不管我們歷經多少不幸，我們都能感受辛苦中的甘甜滋味。

當商人認眞地糾正教師的心態，糾正他錯誤的埋怨情緒時，你是否也忍不住重新思考自己的人生態度呢？

過去的終究已經過去，今天如果你已幸福地擁有一切，那麼只需記住眼前幸福，並珍惜擁有。

信心來自於細心

不要忽視別人任何一絲反應，最重大的真相，往往都從最細微的反應中觀察出來。

每個人都是對方的一面鏡子，在別人身上投射出自己的樣子。愛因斯坦就曾根據這個觀念，設計一題智力測驗，考驗你的智力，也試探你對人性的了解。

有一個土耳其商人，想要僱用一名得力助手，選了老半天，他從眾多應徵者中挑選出兩位佼佼者，一位是張三，一位是李四。

為了判定這兩個人到底誰是比較聰明的那一個，這位土耳其商人便讓張三和李四同時進入一間沒有窗戶的密閉房間，房裡除了擺在地上的一個盒子，完全空無一物。

商人指著地上的盒子，對這兩個人說道：「盒子裡有五頂帽子，其中兩頂是紅色的，三頂是黑色的。待會我把電燈關上後，我們三個人要摸黑從盒子裡，一人摸出一頂帽子戴在頭上；戴好帽子並打開燈之後，你們要迅速地說出自己所戴帽子的顏色，哪一位最先說出正確答案，我就聘請他作為我的助手。」

燈關上了又打開之後，張三和李四都看到土耳其商人頭上戴的是一頂紅色的帽子；二個人互相看了看對方，都遲疑地不敢說出自己頭上的帽子是什麼顏色。

忽然，李四靈光乍現，大叫一聲：「我戴的是黑色的帽子！」

李四因而得到這分夢寐以求的工作。

想想看，李四眼睛又不是長在頭頂上，他是如何得知答案的呢？

原理其實很簡單，土耳其商人頭上戴的是紅帽子，那就表示還剩下一頂紅帽子和三頂黑帽子。如果對方頭上戴的也是紅帽子，不就可以馬上推知自己所戴的

是黑帽子？

但是，當兩人看到對方的帽子時，卻都遲疑著不敢開口。李四由此得知，張三的遲疑一定也和自己有相同的理由，如果自己頭上戴的是紅色帽子，張三又怎麼會遲疑呢？

因此，李四從對方的反應中得知正確答案。

不要忽視別人任何一絲反應，因爲最重大的眞相，往往都是從最細微的反應中觀察出來。

人是最擅長僞裝的動物，但偏偏人內心深處的眞實想法，卻常常不經意地透過肢體動作表現出來。

從肢體語言，我們可以迅速研判出對方是怎樣的人，只要多加觀察周遭人物的肢體動作，久而久之就能推測出他們最眞實的心理狀態。

愛默生曾說：「當眼睛說著一個意思，而舌頭說著另一個意思，有經驗的人會相信眼睛表達出來的意思。」

反過來說，會出賣你的，也通常是你自己最細微的小動作。

智慧的累積靠的不是天分，而是細心，當每一件小事都能成爲你的課本，你還擔心自己學不到東西嗎？

失去理智就會原形畢露

對付鬼祟的小人，你不必和他針鋒相對，只要藉機製造恐慌、憤怒，或是得意忘形的感覺，對方自然會原形畢露。

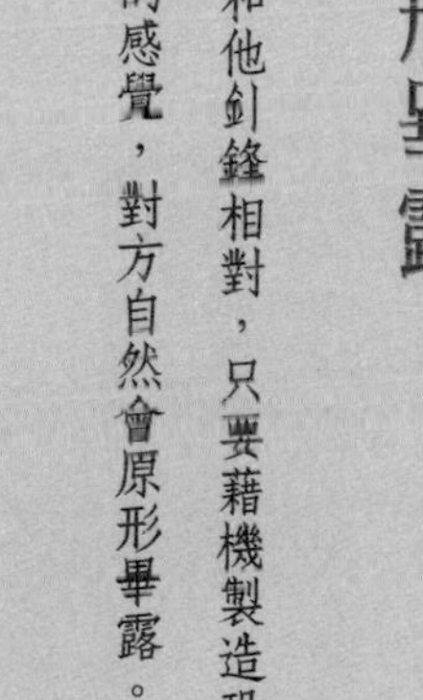

聰明的人都知道，千萬不要和小人正面衝突；有時教訓對方不成，還很有可能被反咬一口，留下無窮的後患。正面衝突的代價太大了，對付「非常小人」，需要運用一些「非常手段」，才能神不知鬼不覺地除之而後快。

一位科技公司的總經理，長期以來，一直懷疑採購部門的主管和國外一些原料的廠商互相勾結，因為，他發現公司採購回來的原料不僅比別家貴，品質也遠遠不如別家好，裡面一定大有問題。

雖然總經理直覺感到不對勁，但是又沒有確實的證據可以糾舉，直接去問當事人，只會打草驚蛇。要是他來個死不承認，別人又能拿他怎麼樣呢？

一天早上，該採購主任才剛進到辦公室，準備開始工作，但是，當他打開抽屜，沒多久便匆匆忙忙帶著公事包外出。

接下來的幾天，他都沒有出現在辦公室。

按照公司規定，如果員工曠職多日，公司可以「曠職未到」為理由，予以解聘。奇怪的是，總經理對這位員工的失職非但不生氣，還笑著將大筆一揮，在人事部呈上來的公文上批了「曠職解聘」這四個斗大的字。

這到底是怎麼回事呢？

原來，那天早上，採購主任一上班，便在自己的抽屜裡發現一封從國外寄來的不具名限時郵件，信上寫著：「事跡已經敗露，請小心。」

接著，他發現自己的文件有被人搜過的跡象，文具擺設的位置也與先前不太相同；當他抬起頭來，又心虛地覺得總經理不時投過來懷疑的眼神，而且還經常找機會在自己桌子前面走來走去。

東窗事發了，還是先溜為上，採購主任心一慌，就趁著大家不注意時，抓了公事包故作鎮定地往外跑，什麼也沒帶走。

事後，當他冷靜下來，想要和國外廠商求證是誰發的信，也因為缺乏資料而無法聯絡了。

至於那封郵件到底是誰寄來的？

看看總經理詭譎的笑容，你應該明白了吧！

在這個爾虞我詐的商業社會裡，奸巧和權謀並不少見。不論做什麼事都要多留一點心眼，千萬別天真地以爲別人口中的「好」就一定你認爲的「好」，否則，當你被出賣、被陷害時候，就只能欲哭無淚了。

尤其是經營事業之時，更要步步爲營，半點也馬虎不得。

英國知名童話作家王爾德說過：「人是理智的動物，只有在失去理智時，才會說出真話。」

對付鬼祟的小人，你不必和他針鋒相對，只要藉機製造恐慌、憤怒，或是得意忘形的感覺，對方自然會失去理智，原形畢露。

因此，雖然我們不必做小人，也要以此爲戒，當事情不太對勁，或是看到別人虎視眈眈的眼神時，可別先急著「自曝馬腳」；不妨冷靜下來，從長計議。

算計你的固然是別人，但是最後出賣你的卻往往是自己。

小心掉入聲東擊西的陷阱

防人之心不可無，當勝利白白送上門來時，可別以為自己佔了便宜；別忘了，只有最後勝利的人，才是真正的贏家。

有一種戰略，叫做「聲東擊西」，當敵人建議你抬頭望望藍天時，其實只是想讓你忽略地面上的風吹草動。

因此，不要輕信敵人所露出來的「破綻」，那可能只是爲了讓你不疑有他的「陷阱」。

挪威名劇作家易卜生年輕時，曾經非常熱衷工人運動。

有一天，當他正在替工人運動寫一些秘密的聯絡信函時，忽然有一群警察包圍了他的住宅；吶喊聲夾雜著咚咚的敲門聲，讓人聽了膽顫心驚。

眼看著警察就要破門而入，就算現在把這些機密文件燒掉，恐怕為時已晚，反而會不打自招，該怎麼辦呢？

易卜生心想：「若是警察進來，一定會到處搜索，藏起來也不是辦法。」於是，他強作鎮定，思索如果自己是警察，碰到這樣的情形會怎麼做，便以和警察相反的思考迅速展開行動。

易卜生將所有重要的機密文件，都一一揉成小紙團後，隨意散置在桌椅下、廢紙簍裡，再把一些無關緊要的文件，藏在床底下隱密的一個小盒子中。準備就緒後，易卜生假裝睡意朦朧地去把大門打開。

門一開，警察便衝進來，四處翻箱倒櫃。易卜生假裝驚魂未定，十分惶恐地朝著床底看了幾眼。這些經過嚴格訓練的警察怎麼可能錯過他的眼神，立即改變策略，轉而搜索床底下的每個角落，然後得意洋洋地拿走大批無用的文件，也順便帶走易卜生。

當警察們歡天喜地慶祝人贓俱獲時，易卜生正等著看好戲；他想像著警察們發現那些無用的文件後，從雲端掉到谷底的可笑模樣！

若是警察在床底下找出那些文件後，願意多花幾分鐘時間檢閱一下，也不至於搞出這麼個大烏龍了！

在人生的各項競爭中，是否具備聰明才智，往往是決定勝負的關鍵。因此，平常就得經常鍛鍊自己的腦力，讓才智像太陽一樣發光，如此它才可能成爲你克敵致勝的秘密武器。當事情陷入膠著狀態，你必須用點心機，才能讓它朝自己希望的方向發展。

越明顯的證據，反而越有可能是沾了蜜糖的毒藥，對方讓你輕易得逞，爲的只是阻止你進一步的攻擊。

防人之心不可無，當勝利白白送上門來時，可別以爲自己佔了便宜；別忘了，只有最後勝利的人，才是眞正的贏家。

用別人的長處為自己加分

真正的強者，他本身不一定是最強，但是他懂得利用別人的長處，讓自己變得比別人強。

人的才智有限，但是天地萬物的可能性卻是無限。

大自然是最好的寶藏，其中蘊含著無數的奧秘；世界上沒有不可能的事，人類所做不到的，大自然可以替你實現。

話說當時唐太宗為了「和蕃」，把文成公主下嫁吐蕃王松贊干布。但是文成公主艷名遠播，在決定把公主嫁給誰之前，曾經有來自各地的少數民族使者，想要和吐蕃王松贊干布派來的使者祿東贊一爭長短，請求唐太宗將文成公主嫁給他們的國君。

唐太宗十分為難，為了公平起見，他出了幾道難題讓競爭者比賽，贏的人就可以把公主娶回自己的國家。首先，太監拿來一顆孔內有九道彎曲的「九曲明珠」，要讓大家分別用一根纖細的絲線穿過去。

使者們不停地試驗，試到手都打顫了，絲線仍然穿不過去。

這時，只見祿東贊找人捉來了一隻螞蟻，將絲線輕輕地繫在螞蟻身上，再將螞蟻放入珠子的孔內，並在另一端的孔外抹上一些蜜糖。這個方法果然奏效，很快地，螞蟻就由這一端爬到另一端，順利將絲線貫穿整顆珠子。

接著，太監將眾使者帶到馬廄裡，馬廄的兩邊各關著一百匹母馬和一百匹出生沒多久的小馬。這一題可麻煩了，太監要使者們輪流辨認出每一匹小馬的媽媽。使者把柵欄打開，讓小馬和母馬混在一起，但這個方法似乎並不見效，因為母馬看也不看小馬一眼，小馬也自顧自地玩耍。許多使者只好根據馬兒身上的花紋隨便將他們配對，結果當然是徒勞無功。

輪到祿東贊時，只見他要僕役把小馬關上一天，不給任何食物及水。

到了第二天，祿東贊叫僕役打開柵欄，飢腸轆轆的小馬便紛紛奔向自己的媽媽找奶吃。於是，祿東贊又輕易地通過了這關，為年輕的吐蕃君王松贊干布娶回了大唐的文成公主。

祿東贊不勉力而爲，而是借力使力，運用動物的本能來完成目標。他也許沒有過人的本事，卻因爲善用資源、頭腦靈活而擊敗其他對手，終於達成使命。

社會這麼大，你不可能集所有本領於一身，但是你可以借助別人的本領，使它成爲自己的資源。

「三個臭皮匠，勝過一個諸葛亮」；眞正的強者，他本身不一定是最強；但是他懂得利用別人的長處，讓自己變得比別人強。

生命不會是一成不變的

生命中沒有不會改變的東西，就算是親情、愛情，也會有情感濃淡轉換的差別，變化是在無聲無息中進行的。

當我們面對困難時，常常會感到無比難受，那是因爲問題不好解決，在不斷的失敗中，痛苦指數自然上升。

要是同樣的問題到了別人手上，卻能輕輕鬆鬆迎刃而解，這時候就該好好檢討自己，是眞的技不如人，還是另有隱情呢？

再看看別人所使用的方法，或許你會發現，方法其實並不難，但爲什麼當初就沒有想到？那可能就是固執而造成的刻板印象綁住了你。

在一個炎熱的天氣裡，佛陀一行人經過一片森林，日正當中時，他們停在樹蔭下休息。

佛陀覺得口很渴，就對身邊的弟子阿難說：「不久之前我們不是有路過一條小溪嗎？你前去幫我取一些水回來。」

阿難聽完佛陀的吩咐，馬上起身往回走去，但是，當他走到小溪旁時，發現因為剛剛的車隊經過，溪水變得非常混濁，於是就空手而回。

阿難告訴佛陀：「小溪的水實在太髒，不能再喝了。請允許我繼續往前走，我知道距離這幾里處有一條小河，可以去那邊取水。」

佛陀說：「不用了，你回到剛剛那條小溪取水就可以了。」

阿難雖然心裡不服氣，還是乖乖走回去。

他邊走邊想著，這樣做只是浪費時間白跑一趟而已，溪水還是很髒不能喝，那有什麼意義呢？當他走到一半時，越想越困惑，於是就跑回去問佛陀，為什麼一定要取那條小溪的水。

佛陀沒有解釋，只是堅定地說：「你再去一趟。」

阿難只好遵從。

當阿難回到小溪旁時，才驚訝地發現到溪水又回復到原來清澈、乾淨的模樣，泥沙已經消失了。

阿難開心地在水壺裡裝滿水，輕快走回去，跪在佛陀跟前說著：「感謝老師給我上了偉大的一課，我現在終於知道，沒有什麼東西是永恆的。」

固執，並非缺點，因爲執著於某個信念，能讓人堅持下去。但是若固執變成頑固不知變通時，那就要小心了。

堅持己見，會讓自己故步自封，不願意接受新的知識，不肯嘗試新的方法。

當環境正在改變，卻還固守舊有的理論和方法而自以爲是時，等在前方的結果就是被自然淘汰。

在萬物的生存史中，能留下來的生命往往是經過演進改造的，絕種的動、植物，則是無法適應環境而消失的一群。

同樣的，生命中沒有不會改變的東西，就算是親情、愛情，也會有先後濃淡的差別。不管帶來的感覺是好是壞，最重要的是你要懂得調適自己，以萬全的準備去面對環境改變。

人與人相處也是如此，有時候，要讓自己加快腳步，好跟上前面的隊伍；有時候則可以慢下速度，讓自己有時間和空間獨立思考和觀察，因爲變化是在無聲無息中進行的。

永恆，只在剎那間，你只能珍惜、回味它。

9.
PART

多用一點心，就多一點機運

只要多一點留意，
就能免除掉很多的麻煩，
更可能為自己帶來好處。
一個小小的細節，都有可能
造成大大的影響。

不僅知道，還要做到

當你總是無法下定決心開始進行某一個工作時，當你總是缺乏毅力貫徹時，或許是因為你對這件事情的了解還不夠深入。

有句強調行動力的話是這麼說的：「知道了不去做，就等於不知道；做了沒有結果，就等於沒有做。」

行動比思想更加重要，一個人想什麼，只與他自己有關；但是一個人做了什麼，卻可能改變全體人類的命運。

思想上的勇氣人人都有，但行動上的勇氣卻相當稀罕，也因此，大多數人都是言語上的巨人，行動上的侏儒。

話說經濟大恐慌之後，美國政府花了許多心力建設鐵路，但相對的，鐵道意外事故也頻傳。

為了減低事故發生的機率，美國鐵路當局特地舉辦了一次交通安全口號的徵文比賽，希望可以用一些簡單明瞭的字眼，提醒民眾多注意自身安全，落實「交通安全，人人有責」的精神。

消息傳出之後，投稿的信件如雪花般飛來。經過專家小組的評選，鐵路當局決定用最簡單有力的「停、看、聽」三個字，作為鐵道安全的口號，希望每個人在經過鐵路平交道時，都能及時想起這三個字。

然而，這三個字的口號雖然有效減低了意外發生的機率，卻仍然有些人因為一時大意，不小心成了火車之下的亡魂。

有天晚上，又有一個酒醉開車的駕駛者硬闖平交道，結果被疾駛而來的火車當場撞死。警方後來赫然發現，這個醉漢正是當初提出「停、看、聽」這句標語的投稿者！他知道，可是卻沒有做到。

「知易行難」，這句話大家都知道，可是，只有少數人用這句話警惕自己，大多數人卻用這句話安慰自己，一廂情願地認爲，缺乏行動力其實是人與生俱來的弱點之一。

那麼，到底要怎麼樣才能改善這個通病呢？有人提出了一個方法，那就是把自己該做的事情徹底弄清楚。當你總是無法下定決心開始進行某一個工作時，當你總是缺乏毅力貫徹某一件事情時，或許是因爲你對這件事情的了解還不夠深入，或許是因爲你下的功夫還不夠多。

正如故事中那個酒醉駕車的死者，如果他眞的徹徹底底認識闖越平交道可能會面臨的嚴重下場，或許他便會盡力做到「知行合一」。

很多人該做的事情沒有做，不該做的事情又做了，往往都是因爲知道得不夠多，卻又以爲自己已經都知道了。

多用一點心，就多一點機運

只要多一點留意，就能免除掉很多的麻煩，更可能為自己帶來好處。一個小小的細節，都有可能造成大大的影響。

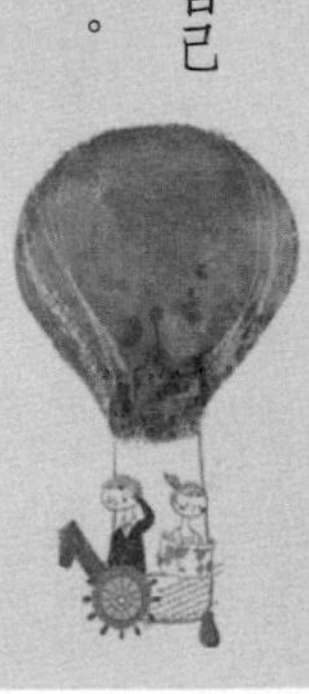

英國作家查爾斯．狄更斯在他的作品《一年到頭》中曾經寫道：「天才就是注意細節的人。」

爲何擁有敏銳觀察力的人，往往比別人多一些成就呢？因爲生活中許多的發現都是出自於小細節，但這些細節卻常常被人忽視。

很多東西都可以由小見大，只要能看透其中的奧妙之處，平凡之中也能造就出不平凡。

曾經有人發願，要找出所有物品可用的極限，也眞的給人類帶來不少福利。他們所採用的方法就是仔細觀察，找出事物本質外的功用，進而將這些功用完全發揮出來。

雷奈克生來就很瘦弱，而且有遺傳性結核病的症狀。他從小被父親送到從醫的叔叔家寄養，十四歲時進入南特大學附設醫院學習，後來又到巴黎最有名的慈善醫院進修。

成績優秀的他，二十三歲就通過嚴格的資格考試，獲得了一名法國醫學生所能獲得的最高榮譽，但是，卻沒有一家醫院願意聘用他，直到三十五歲那年，才在一次機緣下進入了內克醫院任職。

也就是在那時候，一件意想不到的事改變了醫學界的歷史，也改變了他的一生，那就是聽診器的發明。

一天早上，雷奈克在羅浮宮廣場前散步時，看到幾個孩子正在玩一種遊戲：一個孩子將耳朵貼在木頭的一端，另一個孩子在另一端用大頭針刮出代號，用這

種方法來猜測對方說些什麼。雷奈克興致勃勃的加入他們的遊戲，當他在木頭的一端聽見聲音時，眼睛為之一亮，忽然想起一名女病患，於是立即招來一輛馬車，奔回醫院。

進入病房後，他將一本筆記本緊緊地捲起來，緊密地貼在女病患左邊豐滿的乳房下，長期困擾著他的問題終於解決了。

原來，這名女病患久為心臟病所苦，但是由於她太胖了，無法以手敲診或觸診來做判斷，當時的民風又不允許醫生將耳朵貼於胸口做診斷，因此，當他看到孩子們玩遊戲，仔細觀察後就想出這個方法。

後來他繼續嘗試和思考，終於發明了世界上第一個木質聽診器。聽診器不僅可以聽到心跳聲，也可以收到胸腔內器官運動所發出來的聲音，可說是人類的一大福祉。

只是一個小遊戲，看在有心人眼裡就可以帶出偉大的發明。

同樣的道理運用在生活和人際關係上，只要多一點留意，就能免除掉很多的麻煩，更可能爲自己帶來好處。

比方看見一個臉色不好或者異常沉默的人，只要一點小小的關心，或者避開敏感話題，就能讓對方感受到善意，也爲自己加分。

一個小小的細節，就有可能造成大大的影響。注意細節就是細心的開始，只要多一點用心，其實並不難。

讀懂人心是成就事業的第一步

若是光從自己的角度思考，而不站在客戶的立場考慮，那麼將不會得到對方的信任，更無法成功。

任何工作，只要和販賣商品扯上關係，不管是實質的貨物，或者抽象的知識，都少不了「攻心」之計，廣告的氾濫，就是最好的見證。

在公司所有的部門中，業務部門的辛酸大概是數一數二的。要如何讓別人心甘情願掏出錢來購買自己的商品，實在是一大學問。他們常常得低聲下氣看人臉色，有時還要裝出一副可憐樣博取同情，當然不乏有更惡劣的恐嚇、暴力手段，但是不管是哪一種，都非長久之計。

范伯先生是電力公司的員工，有一次在賓夕法尼亞進行業務考察，發現當地用電的人數不多，不禁好奇地問區代表為什麼會有這樣的情況發生呢？

「他們全是一群守財奴，而且無法接受新的事物。」區代表以厭煩的語氣回答這個問題：「你不可能讓他們花錢買下任何東西，相信我，我已經試過很多次了。」

范伯先生聽完後並沒有因此感到灰心，當他經過一家整齊的農舍時，決定要上前推薦用電的好處，這時區代表在旁好心的提醒：「你確定要這樣做？他們對電力公司沒什麼好感喔！」

一陣敲門聲過後，農舍的主人羅根夫人將門打開了一小條縫隙，卻沒有邀請他們進去的意思。當她一聽對方來自電力公司，便當著他們的面將門「碰」一聲地關上。

范伯先生不放棄，再度敲門，過了許久，羅根夫人再次打開門來，她這一次嚴肅地告訴范伯先生：「不用說了，我絕對不會買你們的電！」

「我發現妳養的是一群很棒的都敏克雞。」范伯先生沒有提及有關電力的事，本來想關門的羅根夫人聽到這句話愣了一下。

「我從未見過比牠們更好的雞，我想買一籃雞蛋。」范伯繼續說著。

羅根夫人驕傲地走出門來，態度也溫和了許多：「當然囉！這些雞都是我親手養大的，牠們是最好的。」

接著羅根夫人帶著大家去參觀她的雞舍，並一一做介紹。范伯先生發現旁邊還有一個牛棚，就對羅根夫人說：「我敢打賭，妳一定可以用妳的雞賺錢，甚至賺得比你先生的牛還要多。」羅根夫人高興地點了點頭，不過她告訴范伯先生，自己的丈夫並不承認這一點。

之後范伯先生告訴羅根夫人在雞舍裝電的好處，介紹了幾種飼料及溫度調節後可以增加雞蛋產量的例子。兩人開心討論下，兩個禮拜後，羅根夫人的雞舍裝上了電燈，而雞群也不負眾望產下更多的雞蛋，鄰居們見了，也跟著裝上電燈。

就這樣，不僅羅根夫人的訂單增加，范伯先生也得到更多的顧客。

做生意最重要的一點並不是商品的優劣，而是必須給予消費者好感。只要是想做生意賺錢，就不能少了關懷和幫助別人的心。先了解別人的需求，再對症下藥給予建議，自然而然可以卸下對方的心防，完成交易。

范伯先生並沒有開門見山推銷商品，也沒有批評對方是守財奴、食古不化、不肯接受新知，他的方式是認同對方的成績，讚美他的優點並給予鼓勵。只要讓人感受到，你是出自眞心的關懷，對方的態度就有軟化的空間。

當然，還有另一類賺錢的方法，那就是施以小利。就像直銷盛行的現代，明明知道這一行必定要看人臉色，可是還是有許多人一窩蜂地往裡面跳，因爲它標榜的是「消費者也能當老闆，邊使用邊賺錢」。

抓住人性，才是成功之道。若是光從自己的角度思考，而不站在客戶的立場考慮，不僅不會得到對方的信任，更無法得到成功。

要先了解自己，才能贏過別人

當別人請你做一件事，但超出你的能力範圍時，要衡量狀況提出防護措施，切莫為了義氣或者急於表現而因此受傷。

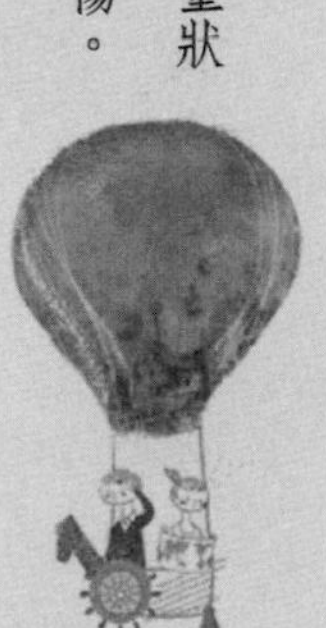

崇拜，可以是一種很好的學習。在讚美、佩服對方之際，若能學習背後所付出的努力和毅力，會更有價值。

欣賞與崇拜，基本上都會有幾分求好與上進的渴望，但是每一個人的才能不同，有些人就是擁有特殊的天賦、體質，或者其他不爲人知的技巧，因此，電視節目播出某些高難度的表演時，才會標明「請勿模仿」的字眼。

認清能耐是一種保護自己的方法。就算在某方面不如人，也不要認爲可恥，因爲，每個人都有自己的優點，以及可以盡情揮灑的地方。

生活在紅樹林或出海口沼澤地的彈塗魚，除了在水中，也能上陸地生活。

有一天，牠們正在沙灘上悠閒地吹著風、欣賞風景，一條路過的鯽魚在水中看見了，羨慕地停下來觀望著，心想：「牠們是魚，我也是魚，為什麼我就不能到陸地上呢？我也來試試好了。」

鯽魚觀察一下周遭的環境後，就往岸邊游了過去。牠努力擺動身體，想讓自己離開水面，跳了幾次，終於在第四次成功上岸。

上岸後，鯽魚拚命揮動尾巴，沒想到才前進一小段距離，就喘不過氣了。牠拚命鼓動著鰓，想要呼吸多一點空氣，可是無論怎麼掙扎，就是無法獲得更多氧氣，眼看就要窒息了。

這時，沙灘上的彈塗魚們發現躺在地上一動也不動的鯽魚，趕緊一起出力把牠推入水中，鯽魚一碰到水，總算能重新呼吸了。

彈塗魚看著逐漸恢復意識的鯽魚，語重心長地對牠說：「下次千萬不要再做那麼笨的事，還好碰到我們，要不然你的小命可就不保了，甚至很快地就要被太陽曬成魚乾啊！」

看著難過的鯽魚，彈塗魚又忍不住叮嚀幾句：「你雖然有鰓能在水中呼吸，卻沒有我們彈塗魚特有的，能在陸地上呼吸的皮膚。朋友，你要先弄清楚自己有多少能耐，要知道什麼可行，什麼不可行，知道嗎？」

聽了這話，鯽魚只能感激的點點頭。

鯽魚不自量力的結果，讓牠差點送了性命，在我們的生活周遭，到處都有這樣的人。

有些人是出自於無知，有的是好奇，還有的人是不服輸或者禁不起別人的「激將法」。

這樣莽撞的下場，受傷的通常是自己，甚至還會連累家人。小朋友因好奇心而拿著雨傘從樓上一躍而下；青少年逞兇鬥狠，爲表現英雄心態而飆車等等事件時有所聞，往往在傷痕累累之後徒留後悔。

除了這些瘋狂行爲外，日常生活中，當別人請你做一件事，但超出你的能力範圍時，也要衡量狀況適時提出防護措施。

比方說，告知對方需要人手幫忙，或者表明自己只能達到某一個程度，切莫爲了義氣或衝動而急於表現，否則把事情搞砸了還算小事，若是因此而受傷豈不是得不償失？

相信自己，你也可以改變世界

不要害怕與眾不同，只要相信自己的信念，立場穩當，聲音堅定，言之有理，你也可以扭轉局勢。

當人們面對污濁的環境卻又不能離開時，往往只有兩條路可以選擇：第一，改造它；第二，與它同流合污。

第一條路往往有很高的難度，第二條路則是墮落的開始。這個時候，你會選擇哪一個？

害怕成爲人群中的少數是情有可原的想法，但千萬不可爲了服從多數而違反自己的意願，成就不合理的事。視而不見或盲目跟從絕非好事，因爲，你可能就是下一個受害者。

從前有一個國家，在一次水災過後發生了瘟疫，這場瘟疫很奇怪，沒有任何人或牲畜死亡，但卻出現越來越多發瘋的狂人。所有醫生聚集在一起研究之後，發現原來是河水受到了污染，舉凡喝過受到污水的人，全都會在一夜間發狂，找出了原因，卻沒有人能找出解藥來。

國君得知這個消息後，找來全國最聰明的大臣共同商量，猜想在地底下最深處的水，可能還沒受到污染，因此馬上派人開挖。

可是，地底下的水量有限，大多數的人民無法使用那裡的水，為了活命，愈來愈多人喝下受污染的水而瘋狂。

不久，連地底下的水也枯竭了，國君再度和大臣商量，決定派人往山中尋找尚未融化的冰雪和山泉水，帶回宮中儲存。

但是由於路途遙遠，搬運不便，帶回來的水量愈來愈少，發狂的人也愈來愈多。到最後，連國君身邊的人都染上了瘋病，全國的人統統發瘋，只剩下國君一個人還正常。

因此，所有的國人反而認為他們的君主生病了，急需要醫治。他們群聚在一起，商量要怎樣捕捉國君，治療他的狂病，接著，他們還準備了艾草、針灸、草藥等等藥材，說是要替國君治病。

國君看到宮外一群狂人要捉他，嚇得躲在床底下不敢出來，等到狂人們將皇宮的最後一道大門敲開後，國君再也無法躲藏，被五花大綁帶走了。

發瘋的醫生們開始用盡所有的方法來治療國君，每天不是針扎就是灌苦藥，只見國王一下子泡在冷水，一下子泡在滾水裡，有時候還被脫光衣服，身上被塗上一層臭氣沖天的雞屎、狗屎，然後被放在屋外曬上一整天，要不就整個人被埋在土裡，只露出一顆頭來。

有一天，國君再也忍受不了了，趁大家不注意，掙脫了束縛，衝到河邊大口大口地喝著受污染的河水，喝完後他就瘋了。這時候，全國老老少少大家一起歡呼，因為在他們的眼裡，國君的病終於好了。

從這個諷刺的故事，可以看出群集力量的可怕，唯一清醒之人，竟然落得如此下場，除了感嘆之外，也只能說是自作自受。

國君原本有機會挽救這個局面，只要對人民倡導河水有毒，改掘井來飲水，在問題解決前先擬好替代方案，也不會有後來的下場。

日本企業家稻盛和夫曾說：「人生的道路是由心來描繪的。所以，無論自己處於多麼嚴酷的境遇之中，心頭都不應任由悲觀消極的想法縈繞。」

不要害怕與眾不同，只要相信自己的信念，立場穩當，聲音堅定，言之有理，你也可以扭轉局勢。

只要有決心，一定來得及

俄國文豪高爾基曾在《時鐘》一書中勉勵世人說：「讓整個一生都在追求中度過吧，如此一來，你在這一生裡，必定會擁有許許多多美好的時光。」

作家萊辛曾說：「一個不能當機立斷去主宰自己生活的人，將永遠成為生活的奴隸。」

不管世事如何流轉，每個人的價值都應該是由自己決定的。不管目前身處的環境多麼困劣，我們都要設法肯定自己的價值。

在今天這個迅速飛快的時代，我們常常覺得整天忙碌不堪，沒有時間來完成自己內心想要做的事，因而逼迫自己放棄種種念頭。

但是，世界上有很多人卻憑著決心和毅力，像衛爾佛列．柯亨一樣，每天騰出一個鐘頭來彌補自己的缺憾。

衛爾佛列．柯亨是世界知名的大製衣商。他從學徒開始做起，辛苦奮鬥了四十年後，建立了龐大的製衣王國，但是，他一直覺得自己的生命還有缺憾，因為他有一個願望一直無法達成。

衛爾佛列．柯亨小時候的願望是當個畫家，不過，因為家境貧窮無法走上畫家之路，事業有成之後，又因為商務繁忙，無暇培養這項興趣。為此，他感到相當遺憾。

到了六十歲生日那天，他終於下定決心每天要花一個鐘頭學習繪畫，並且強制自己不管怎樣忙碌也要撥出時間來。

他每天清晨五點起床，一直繪畫到早餐時間為止。

這樣從不間斷的努力，幾年之後，衛爾佛列．柯亨有了驚人的成績，繪畫作品獲得藝術評論家的好評。

他參加過不少次的畫展，得過幾個獎項，也舉辦過個人畫展，並且以高價賣出好幾幅作品。

後來，他更成立一個基金會，專門獎勵有志從事繪畫的窮苦青年。

假如你每天挪出一個小時從事自己最感興趣的事，那麼，一年就有三百六十五個小時是眞實屬於自己的。

當然，這不是一件容易的事，必須下定決心才行；訣竅就在於如何找到那一個鐘頭，然後再加以妥善運用。

俄國大文豪高爾基曾經在《時鐘》一書中勉勵世人說：「讓整個一生都在追求中度過吧，如此一來，你在這一生裡，必定會擁有許許多多美好的時光。」

只要你每天抽出一小時去做自己想做、平常又沒時間做的事，最後一定會有所斬獲，縱使成就不多，至少有機會彌補自己的缺憾。

千萬不要再用抽不出時間來當作欺騙自己的藉口，讓你尚未完成的願望最後成爲一生的抱憾。

千萬要記住，只要有決心，一切還來得及。

你的自信，一定會改變你的人生

一個崇高的目標，只要矢志不渝地追求，最後就會成為壯舉；在它純潔的目光裡，一切美德必將獲勝。

——英國詩人華滋華斯

相信自己，寬容別人

美國詩人卡洛斯·威廉斯曾說：「愛所具有的力量不就是寬恕嗎？換言之，由於它的調停，已經發生的事得以挽回。倘非如此，它還有何益處？」

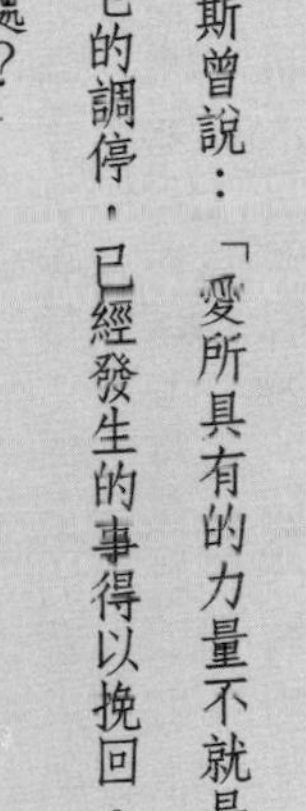

對自己充滿信心當然是一件好事，可是，過度自信很容易變成自我膨脹，往往會蒙蔽自己的判斷能力，繼而影響行爲模式。

當一個人過於自信，認爲自己的所作所爲都是正確、錯誤都在別人的時候，結果不但傷害了別人，連自己也會受傷害。

作家穆尼爾·素納夫曾經寫道：「生活中，諒解可以產生奇蹟，諒解猶如一個火把，能照亮由焦慮、怨恨和復仇心裡鋪就的道路。」

人不能只活在自己的世界中，一味以自己的眼光看待別人，而要懂得適時寬容，因爲，爲人處世的最高境界就是「做人寬容，做事圓融」。

古希臘著名的哲學家蘇格拉底是西方哲學鼻祖，他在四十歲那年娶十九歲的贊佩西為妻。

蘇格拉底深受希臘人敬仰，年輕的贊佩西則聰明漂亮，結婚之時曾被視為天作之合，令人遺憾的是，兩人的婚姻生活並不美滿。蘇格拉底寄情於哲學思想，引發了兩人種種嫌隙，致使原本性情開朗的贊佩西逐漸變得暴躁易怒。

贊佩西性格丕變，最後成為史上有名的「惡妻」，原因在於她覺得蘇格拉底婚前對她充滿欣賞與讚揚，但是婚後卻老是以自我為中心。

贊佩西無法從兩人關係的轉變中尋獲心理上的需求與慰藉，因此動不動就對蘇格拉底大發雷霆，以此來宣洩她的滿腹不滿。

久而久之，兩人失去了昔日的恩愛親密，贊佩西的種種惡行自然使她被冠上「惡妻」的名號。

最後，夫妻之間「相敬如兵」的相處模式，竟然讓蘇格拉底留下一句名言：「如果你娶到一位好妻子，那麼你將得到終身的幸福；如果你娶到一位惡妻子，那麼你就會成為一個哲學家。」

美國詩人卡洛斯．威廉斯曾經這麼說：「愛所具有的力量不就是寬恕嗎？換言之，由於它的調停，已經發生的事得以挽回。倘非如此，它還有何益處？」自信是成功的必要條件，可是過度的自信卻會漠視別人的感受，成爲人生路上的絆腳石。

正如蘇格拉底的例子，他其實娶到了一個聰明又能幹的妻子，可惜他不能像婚前一樣欣賞妻子的優點，忽略了夫妻相處之道，結果造成妻子不快樂，自己也不幸福的下場。

由此可知，眞正的自信不是只肯定自己的表現就夠了，還必須懂得寬容別人。勇於坦承自己的不足，並且學習如何欣賞別人的優點，才是自信的積極展現。

培養自己的價值

真正的價值是要靠時間累積的，只要你不放棄繼續努力，一點一滴地累積之後，你的價值總有一天會被發掘的！

大文豪莎士比亞曾經在著作裡這麼寫道：「同樣價值的東西，往往因為人的主觀意識，而分別高下。」

同樣的，價值也會隨著時空環境的改變而改變。

因此，當別人尚未發現你的價值之時，你應該做的，不是透過言詞強調自己多麼重要，而是放下身段，不斷充實自我。

在這個凡事要求速成的社會，人很容易在職位的競爭中變得眼光短淺、斤斤計較。如果你能擺脫「速度」的迷思，懂得在過程中努力充實自己，那麼必然會讓上司刮目相看，你得到的職位也許會更有價值。

從前有兩個罐子，一個是陶製的，另一個是鐵製的。鐵罐認為陶罐不像自己這麼堅固，輕輕一碰就碎了，所以總是很看不起陶罐。

陶罐當然知道鐵罐看不起自己，但是它並不在乎，因為陶罐知道不管是陶罐還是鐵罐，裝東西才是它們的職責，所以對鐵罐的冷嘲熱諷總是裝做沒聽見，也不跟鐵罐計較。

有一天，突然發生了大地震，倒塌的房子將兩個罐子都掩埋起來了。就這樣過了幾個世紀，有一天，一群考古專家發現了房子倒塌的遺址，經過不斷地挖掘之後，終於在泥土裡挖出了陶罐。

陶罐的發現讓考古專家們非常興奮，經過仔細地清潔整理之後，陶罐馬上成為價值連城的古董，放在博物館裡讓大家參觀；至於鐵罐，則生滿了鐵銹，成為一堆無用的廢鐵。

不是所有東西的價值都是可以立刻顯示出來的。例如電腦的發明，剛開始時，電腦又大又笨重，而且價錢昂貴，根本沒有人會想到日後的電腦居然會成為日常生活必需品。

所以，真正的價值是要靠時間累積的，如果你覺得現在的自己很不得志，不要著急，也不用抱怨上司有眼無珠！

不妨就先從改變自己的缺點開始吧！當你改變了自己的缺點之後，你會發現，優點也在同時自然而然地呈現出來了。只要能發掘出自己的優點，你的信心就會增加，同時也會提昇別人對你的觀感。

只要你不放棄地繼續努力，一點一滴地累積實力，不久之後，眼前就會出現更好的契機！

10.
PART

快樂烹調你的幸福人生

培養興趣是一項重要的生活條件，
在興趣中建立目標，
不但能使自己活得快樂，
也能讓人感受到蓬勃的生命力。

用好奇心創造生活奇蹟

我們對事情的處理方式大都維持在能過就好，即使對某方面滿是疑問，也不會有仔細的探究。

美國企業家薩姆．沃爾頓談及自己的成功法則之時，曾經說過：「不要理睬世襲的聰明，當大家按同一個固定模式行事時，你不妨獨闢蹊徑，按另一種不同模式去做，這樣才可能獲得成功。」

確實如此，想要獲得成功，就要充滿好奇心，不要人云亦云。

假期裡，許多強檔好戲接連上映，在冷氣房中享受聲光效果，讓感官與心智

沉浸於精彩絕倫的電影之時，不免要慶幸自己生在這個進步的時代。

但若要真正的飲水思源，感謝讓我們享受電影的那個人，可能要說到一位賽馬迷——邁布里奇。

邁布里奇是一位英國攝影師，最喜歡的活動是賽馬。一八七二年的某個下午，他和朋友因為「當馬兒全速奔跑時，四個蹄是否完全離地」這個問題各執一詞，在賽馬場上爭論得面紅耳赤，誰也不肯讓誰。

後來，他們想出一個辦法來判斷誰對誰錯，只見兩人在賽馬場上架設了二十四台照相機，每台相機的快門都用一條線連著，再將線拉到馬奔跑的路徑上，當馬將線扯斷時，快門也會自動按下。就這樣，用相機仔仔細細拍攝下一段段馬兒奔跑的過程。

根據拍下的相片，他們終於得出 個確實的結論，那就是，當馬全速奔跑時，四蹄的確是離地的。

只是，賽馬跟電影有什麼關係呢？當然，如果只有這些佐證用的相片，日後是不可能有電影出現的。

其實，得到答案的兩個人並沒有因此而感到滿足，他們接著將拍下來的照片，以等距離的方式鑲在圓盤上，當轉動圓盤時，他們驚奇地發現，馬真的「奔跑」了起來。

這個發現傳到了偉大發明家愛迪生的耳中，引起了他的高度與趣，經過不斷地研究與嘗試，具有劃時代意義的電影放映機終於問世了！

所謂抽絲剝繭，順著一條線索不斷尋找，便會有驚人的發現，如果淺嘗即止，就沒有今天電影的誕生。

當我們快樂地看著電影，屏息等待名偵探科南一層層解開謎題，揭開眞相時，心中充滿著無限的刺激感，等到答案公佈時，那種放下懸著一顆心的快感是難以言喻的。

但是，日常生活中，我們對事情的處理方式大都維持在能過就好，即使對某方面滿是疑問，也不會有仔細探究的精神。這樣的生活態度讓我們成爲任人擺佈的傀儡娃娃，可能偶爾會驚覺今天的困惑之線似乎綳得自己有點痛，但大多數人卻不會找到繩頭，將線放鬆一點。

是怕麻煩？還是有其他的原因呢？得過且過、不求甚解的做事方法似乎已成爲現代人一種通病。別把疑問永遠放在心底，不要讓自己成爲差不多先生。

抽絲剝繭就像剝洋蔥般，每剝開一片，總教人淚水直流。或許，探究事情的過程中會碰到許多困難，但挖掘出新發現的喜悅感及難以估計的價值，絕對值得我們勇敢嘗試。

不按牌理，掌握瞬間出現的契機

當一條路行不通時，要懂得轉彎，讓自己適應各種形勢和變化，有了機會時，再適度表現自己。

當你想要奮力往上跳時，第一個動作是不是先蹲下身呢？

成就大事業的人，並非都能一帆風順，在時機未到之前，常會有一段低頭時期，必須以退爲進，在暫時的「屈」中等待將來的「伸」。忍辱負重可說是考驗一個人是否能擔當重任的重要方法。

以退爲進，有時候也是一種攻擊謀略，一種誘敵之計。先讓對方以爲有利可乘，引蛇出洞後，才展開眞正的追擊。若換個說法，就是引起對方的注意，讓原

本不感興趣的人浮現好奇心，有進一步探個究竟的動力。

法國十四世紀作家愛彌爾·左拉出生於巴黎，七歲時父親罹患肺炎過世後，便和母親從此過著飢寒交迫的生活。

左拉十九歲時，因為家境貧寒的關係，不得不中斷學業。

之後的幾年，他到處賺錢，甚至曾在海關旁的旅社打工，但是都持續不久，為了生活也常典當身上的衣物，以維持家計。不過，喜歡文學的他，不論在多麼艱苦的環境下，都從未放棄寫作的興趣，利用有限的時間寫了很多作品，有短詩也有小說。

二十二歲那年，左拉進入一家出版社當小職員，在發行部門做打包的工作。兩年後，他將自己寫的一些小故事收集起來，帶著那疊書稿，開始向出版商「推銷」自己的作品。他前後拜訪了三家出版社，始終沒有人願意給他機會，讀讀他的作品，可是左拉並沒有放棄。

這一天，當他走到出版商拉克魯瓦的辦公室之時，忽然靈機一動，想著自己必須改變「推銷」作品的方法，一方面增加被錄用的機會，另一方面也可以維持自己的自尊。

於是，「碰」的一聲，他用力打開辦公室的門，直直地闖了進去。

拉克魯瓦看著眼前這個冒失的年輕小伙子，不解地問他前來的目的。

「已經有三家出版社拒絕這部作品了。」左拉一開口就這麼說。

拉克魯瓦愣住了，他看著左拉手上捧著那一疊書稿，心裡想著：「從來沒有一個作家會對出版商說自己的作品不受歡迎，這樣做，誰還敢替他出書呢？」拉克魯瓦對於左拉如此坦率的行為大感興趣，盯著他直瞧，想看看左拉到底打算說些什麼。

「我有才華。」左拉不等拉克魯瓦開口，就馬上接了一句。

由於左拉的直率，拉克魯瓦決定給他的作品一個機會，仔細看看他寫得如何。不久之後，他就跟左拉簽約了；這部作品，就是愛彌爾．左拉的處女作《給妮依的故事》。

讓面試官留下好印象，往往是每個求職者必備的條件，因此，適度的包裝自己是不可缺少的。然而擁有決定權的上位者，早已閱人無數，什麼樣厲害的角色都瞧過，更何況是剛出社會的毛頭小伙子？

我們自我推薦，述說自己多麼有才能，總期望能達到加分效果，但看在主管眼裡，還是有很大的空間需要磨練。此外，眾多競爭者個個力求表現，想讓主管留下多一點的印象，有時候要懂得反其道而行。這並非要我們奇裝異服，言行放蕩，而是要能換個方法前進。

對拉克魯瓦這個經驗老到的出版商而言，聽過太多過度膨脹的虛華言詞，卻很少有人在推薦自己時，說出不利於己的話來。拉克魯瓦願意給佐拉機會，除了受到他直率個性吸引之外，還包含了極大的好奇成分。

因此，當一條路行不通時，要懂得轉彎，讓自己適應各種形勢和變化。當然，也別忘了順水推舟，有了機會，更要懂得適度地表現自己。

用你的熱情執著來感動人心

生命中最光彩的一段，往往需要一些執著，熱愛你所追求的事物，不輕易說放棄，才能感動自己，也感動他人的心。

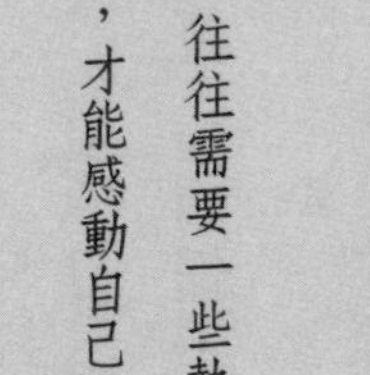

美國演員華倫·比提曾經如是說：「在人生中，你會碰到真心熱衷某事的人，而有時候，或許自己也熱衷同樣的事。你必須珍惜這些關係，持續地保持這種熱情。」

美好一面被呈現時，背後往往有許多不爲人知的辛酸。一首動人的樂曲、感人的篇章、讓人陶醉的作品問世前，需要不斷思考、反覆嘗試，最後才能在無數次的失敗中出生。

真正讓人感動的，是從其中透露出來的精神。

黛安大學時，因為一個動人身影而選擇進入舞蹈性社團，伴隨音樂所呈現完美的她，讓人的眼光再也移不開。

等到自己真正開始練舞時，卻是苦不堪言，連基礎的熱身拉筋，都會痛得哇哇叫。那時，她萌起了一股念頭，或許自己並沒有天分，運動細胞是零，永遠也無法跳出曼妙的舞姿。

快放棄時，一位前輩告訴黛安，最初入社時，練舞的狀況比現在的她還糟上好幾倍。這位前輩說，她不僅沒有音樂細胞，拍子永遠抓不到，肢體動作僵硬，就像個機器人一樣，更慘的是，她非常容易頭暈，只要一兩個轉圈，馬上出現暈車、暈船的症狀。

當其他人像閒暇娛樂般輕鬆跳完舞回去休息時，她總是一個人留在鏡子前，一遍又一遍地跳著，每一個動作，都花上很長的時間練習，轉圈轉到頭暈，吐完了還是繼續轉下去。為了彌補音樂細胞的不足，她還把所有的曲子錄回去，反覆聆聽……

聽完之後，黛安簡直不敢相信，完全無法想像只有利用短短幾年課餘的社團活動時間，可以讓一個完全沒有接觸過舞蹈又沒天分的人，練出有如舞蹈系出身般的成就。

因為這席話，讓黛安在社團待到畢業，也留下幾次美好的舞台經驗。

音樂大師史達溫斯基在一次音樂獎的頒獎典禮上被問到，什麼事情是他一生中最感動、驕傲的時刻？是功成名就？還是掌聲響起？

結果這位音樂大師的答案，讓許多人打從心底感動不已。他說：「每當當我在思考創作時，我會不停地思索著一首新曲中的每一個音符是要Do還是Mi。當我終於在所有音符中找到它時，那便令我最感動的一刻。」

許多觸動心靈的故事，不一定發生在風光的一面。掌聲中落下的淚水，不僅是因爲亮麗舞台上的自己，而是辛辛苦苦一路走來的堅持。

想要揮灑生命中最光彩的一段，往往需要一些執著，以及不放棄的精神，熱愛你所追求的事物，不輕易說放棄。

只有這樣，才能感動自己，也感動他人的心。

在人生的道路上，每一步都要確實落下，認眞生活，未來再回首時，我們才會爲自己努力的生命而感動。

人與人交往也是如此，想要有圓融的人際關係，就必須充滿熱情用心經營，才能收穫豐碩的成果。

快樂烹調你的幸福人生

培養興趣是一項重要的生活條件，在興趣中建立目標，不但能使自己活得快樂，也能讓人感受到蓬勃的生命力。

所謂圓滿的人生，通常會有一個奮鬥的目標。但是當這個目標完成，或者永遠不可能實現時，人生是否從此就失去意義了呢？

那些努力工作、辛勤一輩子的人，卻在退休後的短短幾個月內，成爲老年癡呆症患者，或是就這樣離開人世的例子時有所聞。本該享清福的晚年就這樣結束實在可惜，那麼之前的奮鬥，到底爲的是什麼？

歸納原因，是因爲他們退休後突然閒了下來，生活沒了目標與重心，終日無所事事，不知如何打發時間，因此腦袋鈍了，也失去了生活的動力。

布魯若先生退休後不久，他的妻子就過世了，使他承受重大的打擊。才六十五歲的他一夕之間蒼老許多，每天悲傷地望著妻子的相片發呆，要不就坐在電視機前面動也不動，直到睡著。

他不再與朋友來往，把自己關在屋子裡，就像從這個世界蒸發了一樣，慢慢地人們也忘了他的存在。

日子一天一天過去，他的女兒見到父親仍未脫離喪妻之痛，感到焦急萬分，不停思索著該如何才能提振父親的精神。記得母親在世時，父親是個隨時隨地都充滿活力的人，幾乎沒有什麼事能難倒他的，現在她到底要怎麼做才可以重新喚回父親對生活的熱情呢？

一個下午，女兒提著大包小包的食材，和一份小禮物去探望布魯若。看著女兒放到他手上的東西，布魯若好奇地詢問。

「那是我送你的禮物。」女兒邊說邊把帶來的食材放進冰箱，布魯若打開禮物一看，原來是本食譜。

「這是給初學者使用的烹飪書。我擔心你天天吃罐頭食品會營養不良，所以送你這本書。」女兒貼心地坐到父親身邊翻開食譜：「這裡面有你喜歡的菜色，像是義大利通心麵、奶油燉白菜、烤肉捲……等等，希望你空閒的時候可以嘗試做做看。需要的材料我幫你買好了，就放在冰箱裡。」

女兒離開後，布魯若先生將食譜從頭到尾認真地翻了一遍，並仔細研究，直到肚子發出咕嚕聲，這才想起該吃晚餐了。於是，他走到廚房，按照書上的指示，一步步地嘗試製做他最愛的奶油燉白菜，令他驚喜的是，沒想到煮出來的奶油燉白菜味道出乎意料的好。

從此，布魯若先生愛上了烹飪，料理成為他生活中的一大樂趣，而且那不再只是單純滿足於填飽肚子，他更要求食物烹調出來的美味。

當他對自己的烹飪技術十分自信後，便開始邀請朋友到家中品嚐，如此一來，不僅可以在大家面前顯露一手廚藝，看到每個人吃得津津有味的幸福模樣，布魯若先生也因此而感到無比快樂。

如果人活著是爲了達成目標，那麼，爲了讓自己活下去，就必須學會尋找、建立目標。

許多人把工作當成一種興趣，但是人會老，身體機能也會跟著退化，必定會有力不從心的一天，因此培養第二興趣是必要的。

培養興趣是一項重要的生活條件。在興趣中建立目標，不但能使自己活得快樂，更能讓人感受到蓬勃的生命力。故事中的布魯若先生能從烹調中發現新生命，這也說明了生活中有許許多多的小細節正等待著我們去挖掘與尋找，只要認眞烹調生命，說不定還能因此發現自己擁有未知的天分呢！

搭上經驗特快車，成功就在眼前

經驗，就是眾人的力量。前人已經替你做過無數次的實驗，經歷跌倒、受傷，最後終於開花結果，成為讓你受用的無價之寶。

有人說：「天時不如地利，地利不如人和。只有凝聚起群體的力量，才能讓自己有限的光明，變得更大更閃亮。」

很多的經驗都是從失敗中吸取而來，所謂「失敗爲成功之母」就是這個的道理。因此，很多時候，我們必須學習當個經驗的吸收者，在他人的經驗裡學習成功法則，只是現在的人大都以自我爲中心，不夠寬容的結果，行事當然不夠圓融，很難早一步成功。

歷史上許多成功者都懂得活用別人的經驗法則，如果成功之路是十年，那麼吸收他人的經驗，可以讓你減少摸索七年。

遠古時代，很多動物都還沒找到一套適合自己的生存方式，每天都在失敗中學習與摸索。

例如，那時候的蜘蛛，並不像現代的蜘蛛一樣，知道可以將絲結成網捕捉獵物，因此頭腦簡單的牠們，雖然有著吐出絲線的本領，卻還是常常餓肚子。

有一天，一隻餓得發慌的蜘蛛在樹上爬來爬去，想找一點食物充飢，可是毫無收穫，後來終於無力地坐在樹枝上休息。當牠快打起瞌睡時，樹下突然來了一個人，牠好奇地張望著，想看看那個人在做些什麼。

原來那個人就是伏羲氏，正拿著一個像拼盤似的東西，放上許多小樹枝在上面擺弄。蜘蛛看到這些有趣的圖案，也依樣畫葫蘆，按照拼盤上的形狀吐出絲線，織出橫向、縱向的經緯線來，這些線慢慢的形成一張網。在蜘蛛還沒完工前，就有一些小生物不知不覺地踏進牠的網中，並且被絲線黏住而動彈不得，蜘蛛因此得以開心地享用一頓大餐。

蜘蛛飽食一頓後，馬上回到家中，將這個發現告訴所有的族人，並且教導大家如何織網來捕捉獵物。

「子子孫孫們，千萬要牢牢記住，這個編織法將成為我們謀生的法寶，而它是來自人類的智慧。」蜘蛛對著族人說了這段話。

有一隻自作聰明的小蜘蛛，因為看不起人類的智慧，堅持不用這樣的方式捕捉獵物，偏要模仿蚯蚓爬行的方法，織出蜿蜒連成一長線的網來。

可是，每當小昆蟲碰到牠的網線時，只要掙扎個幾下，網線就立刻破掉，即將到口的獵物轉眼便跑掉了。

幾次下來，小蜘蛛連一隻螞蟻也捉不到，餓得趴在地上，一動也不能動。

「怎麼樣？」一隻老蜘蛛見到這種情況，對小蜘蛛說：「還是接受前人寶貴的經驗吧！要知道，經驗是從痛苦中提煉出來的，它可以讓你少走點冤枉路，以加快成功的速度。」

奧地利作家茨威格曾經說：「人生充滿苦難，必須活用眾人的力量。」經驗，就是衆人的力量，也是知識的來源。這種知識是珍貴的，因爲前人已經替你做過無數次的實驗，經歷跌倒、受傷，最後終於開花結果，成爲讓你受用的無價之寶。

或許你寧可選擇自己嘗試，在失敗中求成長，然而人生又有多少時間可以讓你重來？有多少機會可以等待你的緩慢成長？

活用前人的經驗能讓人在旅途中少走點彎路，減輕沉重的包袱，但卻不會減慢你前進的腳步。

有時候，我們必須選擇搭上「經驗」這班特快車，唯有虛心求教，才是找出最快到達終點，卻不會錯失沿途風景的最佳方法。

人生路程，可以自己決定

選擇一種適合自己的方式，該直走就直走，想轉彎就轉彎，只要腳步輕盈，快樂上路，就是最有價值的人生。

許多人爲了追求符合理想的生活，按照計劃一步步地往前進，然而，很多時候當他們終於走到最後一步時，才驚覺自己不過是繞了一圈，去尋找身邊早就存在的東西而已。

人生路程如何走，其實沒有絕對正確的途徑，一切只是取決於行動的價值觀。有些人認爲，要在一定的後盾下，才能眞正的享受生活；有些人則是活在當下，今天擁有什麼，就過怎樣的生活。即使終點都是同一個，過程中所獲得的感受卻是截然不同的。

重要的是，不要後悔自己所選擇的途徑，並且要能辨識自己尋找的東西，是否走別條路也可以到達目的地，必須全盤考量評估之後才採取行動。

一個風和日麗的下午，一位漁夫將魚線上餌，丟入水中後，便懶洋洋地躺在河邊。他不時釣起一條條銀色鯉魚，然後又重複著同樣的動作，偶爾吃吃手邊的三明治外加一罐汽水，在溫暖的太陽下吹著涼風打發時間。

當他正將一條鯉魚拉上岸時，身邊走來一個穿著講究的商人。打量漁夫一陣子後，商人開口說話：「你為什麼不一次多放幾條線呢？」

「什麼？」漁夫疑惑地問著商人。

「一次多放幾條線，就可以釣到更多魚，不是嗎？」商人告訴漁夫。

漁夫頭也沒抬，繼續手邊的收線工作：「要那麼多魚幹什麼？」

商人對漁夫的反應感到吃驚：「可以拿去賣啊！」

然後，商人開始滔滔不絕說起他的經銷之道：「要是有很多魚，就能拿去賣，賺進一大筆錢，然後開家魚店。有了一家店，就可以開第二家、第三家，僱用更多人幫忙，最後還可以開魚貨批發市場，將魚賣到全國，甚至可以買艘大船，到外海捕魚，增加魚貨種類。」

「到時候，你就是個富翁啦！」商人像做了場美夢般，下了結論。

漁夫喝了一口汽水，面無表情地說著：「有了錢以後呢？」

商人聽了這句反問差點跌倒：「當你成了有錢人，想做什麼就做什麼，再也不用擔心怎麼過日子，你可以整天無憂無慮地躺著，甚至可以輕輕鬆鬆地釣魚打發時間。」

漁夫放下汽水，抬起頭微笑看著商人：「我現在就在做你所說的事！」

漁夫所要的，只是一種屬於自己的悠閒生活，至於錢財的多寡，對他而言並不重要。當然，商人所說的也沒有錯，有了錢，的確可以過自己想要的生活，而且保障後半輩子即使釣不到魚也不用擔心餓肚子。

不過，世事的變化總是難以預料，沒人可以擔保未來的發展能按照自己編排

好的劇本進行。

當你正汲汲營營地追求任何東西時，不妨先停下腳步思考片刻，那個東西能給你帶來什麼？是不是你所想要的？

當你在做某件事時，可以有意識地進行，也可以在無意中達成。你只須選擇一種適合自己的方式，該直走就直走，想轉彎就轉彎，只要腳步輕盈，快樂上路，就是最有價值的人生。

用更糟的消息安慰自己

當我們遭遇不幸時，不要害怕，也無須太過傷心，只要世界上還有許多更糟糕的事情，或許就能感受到一絲安慰與慶幸。

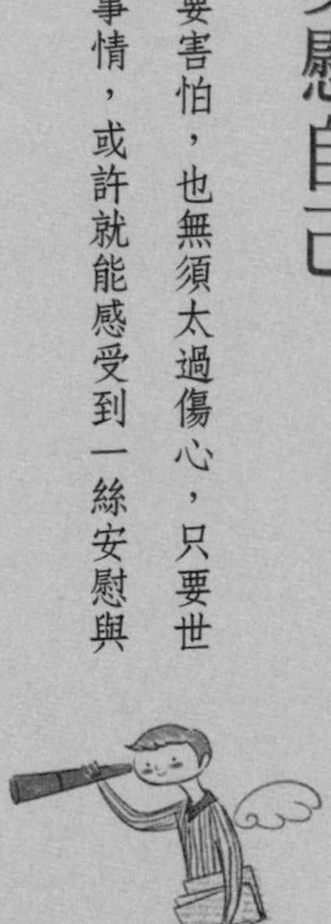

壞事年年有，誰也不知道哪一年會特別多。遇見壞事，應該用積極的方法讓它變沒事，而不是坐困愁城。

據說一休大師從小就非常聰明。

他的老師有一只非常心愛的茶杯，價值非凡，對老師來說有特殊的意義。

沒想到有一天，一休在玩耍的時候，不小心把茶杯打破了。正當他感到非常害怕，不知該如何是好的時候，老師正好走進房間。

一休驚慌之餘，立刻把茶杯的碎片藏起來。接著，他假裝若無其事地向老師請益說：「老師，你知不知道人為什麼一定會死？」

老師回答：「人老了就會死，這正是大自然的定律。每樣東西都有它一定的壽命，大限到了，自然就會死，我們不用害怕，也無須太過傷心。」

此時，一休才拿出茶杯的碎片，對老師說：「老師，請您不要傷心。您的茶杯大限到了。」

沒有人喜歡聽到壞消息，然而，人的心理真的很奇怪，在接受壞消息之前，如果先告訴他一個更壞的假消息，然後再告訴他那個比較不壞的真消息，兩者相比較之下，他非但不會遭受打擊，反而還會欣然接受那個壞消息。

正如一休先引導老師想到人類的死亡，再告訴老師茶杯破掉的消息，讓老師先有了最壞的心理準備。所以，老師原本想到的或許會是：「怎麼辦？我最心愛的茶杯竟然破掉了！」現在卻只會想到：「萬物終有盡頭，破掉的只不過是個茶杯而已。」

下一次，在扮演「烏鴉嘴」這個角色的時候，不妨可以用用這招。

更重要的是，當我們遭遇不幸時，不要害怕，也無須太過傷心，只要世界上還有許多更糟糕的事情，或許就能感受到一絲安慰與慶幸。

不當影子，你就是個發光體

停止當個文抄公，也別當個應聲筒，更不要成為一個「失聲」者，找出自己的風格，不要再當個傀儡娃娃。

做別人的影子永遠受限於光源，雖說學習的開始確實是來自於模仿，但是模仿久了，就該找出自己的風格。

做人也一樣，如果爲了某些因素，而不敢或者不懂得說出自己的聲音，那麼也只是個受控於社會的傀儡。

世界上有許多人是運用自己的特質而創造成功，任何人都可能是其中一個，只要我們能夠珍惜且認識自己。

有一種產在南方的鳥，名字叫做鴝鵒，又稱為八哥。

南方人捕捉牠後，將牠的舌頭剪成圓形，再經過一些時日的訓練，就能模仿人類說話。雖然只能學上幾聲，說不出太多話，也變不了什麼花樣，但仍深受到人們的歡迎。

因為捕捉不易，加上訓練困難，八哥的身價不凡，大家都以擁有一隻八哥為傲。每天下午，擁有八哥的主人都會把牠帶到樹蔭下，一群人就圍著鳥籠，逗牠開口說話。

當牠好不容易冒出一句人話之後，所有的人都會拍手叫好，嘖嘖稱奇，許多孩子甚至不厭其煩地試著要教牠講更多的話。八哥每天受到那麼多人的恭維，尾巴總是翹得高高地，好不威風。

有一天，當主人帶著八哥在庭院中休息時，突然聽見一陣蟬叫聲，主人忍不住閉上眼睛陶醉地聽著，並對旁人說：「蟬叫聲真是自然的天籟啊！」

八哥聽在心裡非常不高興，覺得世界上叫聲最美妙的動物非自己莫屬，因為牠會講人話。

等到主人離開後，八哥就對中庭裡的蟬說：「你的叫聲真是可笑極了，連一句人話都不會說，還能稱得上是天籟嗎？」

蟬一點也不生氣，回答說：「雖然我不會講人話，卻可以唱出任何我想唱的曲子，至於你，就只能重複著那些人們要你說的話，卻永遠無法說出自己心中真正想說的話。你能像我一樣，說出自己真正的心聲嗎？」

八哥聽了忍不住低下頭，為自己之前驕傲的態度感到羞愧，從此以後，再也不模仿人類說話了。

同樣是演奏別人的作品，爲什麼演奏家會有高下之分呢？差別就在表達的方式，每個人所融入的情緒都不同，自然會帶給人不同的感受。

就算是相似度再高的雙胞胎，也能找出相異之處，每個人都是不同的個體，沒有誰可以取代誰，人生道路更是如此。

然而社會上，像八哥一樣只懂得模仿別人的人很多，他們的心中缺少了自己的想法，就像某個商品風行時，大家一窩蜂爭相模仿，造成產品氾濫，最後能撈到利益的人卻屈指可數。

要讓生命更圓融、更成功，就必須發揮創造精神；欠缺創造精神的人，只會被時間的洪流無情地淘汰。

停止當個文抄公，也別當個應聲筒，更不要成爲一個「失聲」者，找出自己的風格，不要再當個傀儡娃娃。

該說就說，該做就做，勇敢當自己。

11.
PART

懂得付出，才能活出生命的價值

在每個角落有許多需要關懷的人
正默默等待著愛，
將無數的小愛化為大愛，
這就是生存的意義。

只要一個小鼓勵，你就是伯樂

在大家都不認同的情況下，鼓勵的舉動顯得彌足珍貴。一個小小的讚美，便能在心中播下信心的種子，然後成長茁壯。

法國大文豪福樓拜說：「天才是神賜，但是才情卻是我們自己的事。以不休的耐心，不斷地奮鬥，一個人就能得到才情。」

一個人想獲得成功，必須經過不斷的努力。在努力的過程中，有些人會碰到提拔自己的貴人，或者給予鼓勵的支持者，雖然這些人對你所追求的目標不一定了解，但是卻能以伯樂般的眼光，讓你感覺自己就是那匹良馬，等待時機闖出一片天地。

有一個來自貧苦家庭的小女孩，從小就很喜歡唱歌，時常夢想著自己有一天可以站上舞台。

但學校合唱團在甄選團員時，她卻落選了，只因她長得又矮又瘦，一點也不起眼，而且長年穿著一件破舊不合身的衣服。

小女孩難過地走到公園，躲在樹下傷心地哭了起來，心想：「為什麼我不能唱歌？難道是因為我的歌聲很難聽？」

想著想著，小女孩停止哭泣，輕聲唱起歌來，她一首接著一首渾然忘我地唱著，就像什麼事也不曾發生過，直到疲累為止。

這時，一道蒼老卻有力的聲音響起來：「唱得太棒了！小朋友，謝謝妳！妳讓我度過一個愉快的下午。」原來是個滿頭白髮的老先生，他對小女孩點點頭，帶著微笑離開了。

第二天放學，小女孩迫不及待往公園跑去，果然看到老先生仍然坐在昨天的位置上，滿臉慈祥地看著她。小女孩靦腆地笑了笑，開始唱歌，老先生聚精會神地聽著，一副陶醉其中的表情。

唱完之後，老先生大聲喝采，並給小女孩熱烈的掌聲：「妳的歌聲真是太棒了！謝謝妳，小朋友！」說完，老先生仍然獨自離開。

就這樣過了許多年，小女孩長大了，成了一個漂亮的大女孩，而且實現了幼時的夢想，踏上舞台成為知名的歌星。

在眾人的掌聲中，她念念不忘的卻是小時候坐在公園涼椅上那位慈祥的老先生，於是她抽空回到家鄉，來到公園想尋找懷念的身影，但是剩下的只有一張空空的涼椅。

她向附近的人詢問老先生的消息，才得知他早已過世，並且聽見一個令人震撼的訊息——其實，老先生一直是個聾子。

當年的小女孩悵然若失地走回公園，坐在那張涼椅上，輕輕撫摸著椅子的邊緣沉思了起來……

爲何老先生是個聾子的消息會讓人震撼？如果聽小女孩唱歌的是個音樂鑑賞

家，認定了小女孩沒有天分，是否就沒有日後知名女歌手的出現？

在這個世界上，沒有人可以看輕另一個人的能耐與價值，可惜世俗的眼光，常常決定了一個人的未來。

相信你一定有過類似的經驗，當你想要嘗試某項不拿手的事物時，別人卻這樣說：「別試了！你對這個不在行，還是做你會的就好。」

於是，有七成的人會打消念頭，兩成的人摸了一下就放棄，只有一成的人會一試再試，到最後，會成功的，只剩少數的一兩個人。

因此，在大家都不認同的情況下，適時鼓勵的舉動就顯得彌足珍貴。

故事中的老人讚美小女孩，小女孩成為知名歌手，相信這都是兩人當初所始料未及，因為一個小小的讚美，悄悄在女孩心中播下信心的種子，最後慢慢發芽、成長、茁壯。

別輕忽自己的言行舉止，因為任何不經意的舉動都可能對一個人造成終生的影響，同時也要相信自己的能力，因為才情必須靠自己來開發。

懂得付出，才能活出生命的價值

在每個角落有許多需要關懷的人正默默等待著愛，將無數的小愛化為大愛，這就是生存的意義。

有位哲人說：「真正的愛心，是照顧好自己的這顆心。」

愛，是一種付出，付出越多，越能刺激它的生長。每一個活在世界上的人，都需要別人的關愛，也要學習如何去愛別人。

然而愛，必須以健康的方式來進行，它是一種可以讓人改變身心的高貴情操，不要求回報，不計較得失，在付出的同時，自己也活得更有意義。只有這樣，才能稱得上是眞正的愛。

有位守墓人每個星期都會收到一位陌生婦人的來信，信裡面總是附上鈔票，交代守墓人買一束鮮花，放在她兒子的墓前。這樣的日子一連過了好幾年，但他們彼此都沒見過面。

有一天，一輛轎車來到了公墓大門口，司機匆匆忙忙走下車，來到守墓人的小屋，告訴守墓人：「車上有位婦人想見你，但是她病得很重，無法下車，是否可以請你走一趟呢？」

守墓人走到車旁時，果然看到一位面容憔悴，但又有幾分貴氣的老夫人坐在車上。她眼神哀傷、毫無精神，懷中抱著一大束鮮花。

「你好，我是亞當夫人。」她伸出手來，對守墓人說：「這幾年來我每個禮拜都寄錢給你……」

守墓人握著亞當夫人無力的手回答：「買花。」

「是的，為我兒子買花。」

「我不曾忘記您的囑咐，夫人。」

「今天我親自來到這裡……」亞當夫人停頓了一下，「是因為，我快死了，醫生告訴我，我最多只能再活幾個禮拜。死了也好，我一個人孤獨地活在世上也沒什麼意義，我只想再看兒子一眼，所以親自來送花給他。」

扶著夫人緩慢地來到墓前，看著她將花放下，守墓人靜默了一會兒，終於忍不住開口：「鮮花擱在那兒，沒幾天就枯萎了，既沒人聞，也沒人看，其實很可惜……」

「你是如此覺得嗎？」亞當夫人認真問著。

「是的，夫人，請您別見怪。」守墓人遲疑了一下，繼續說：「我常常到醫院或者孤兒院探望那些需要照顧的人，他們過得很辛苦，但是總是對生命懷抱希望，他們喜歡看花，也喜歡聞花兒的香氣，更非常努力地在世界上活著。可是躺在墓地裡的，有哪一個是活著的？」

老夫人無言地坐著，默默禱告一陣子後，沒說什麼就離開了。守墓人有些懊惱著自己的行為，他擔心這一番話太直接，會讓老夫人受不了。

幾個月後，老夫人忽然來訪，而且是自己開車來，守墓人驚訝地望著她。只見她笑著說：「我把花都送到醫院跟孤兒院了，那裡的人們看到花兒可高興了，連我也感受到快樂的氣氛，病情也好轉了，雖然醫生不明白為什麼會這樣，但是我知道，因為自己活著還有些用處。」

亞當夫人對孩子的愛，當然不容否定，但是她放任自己沉浸在喪子的悲痛中，整日悲傷，看似憐憫年輕生命的早逝，其實是在可憐自己，覺得自己已經沒有活在世上的價值。

正是這樣的念頭把她推向死神，直到守墓人的一席話點醒了她。

每個人的一生中，都會有自己想要守護、關愛的對象，當這個目標消失時，是否就失去生存的意義呢？既然活著，就要活得有價值，不要忘記，在每個角落都有許多需要關懷的人正默默等待著愛，將無數的小愛化爲大愛，這就是生存的意義。

英國思想家培根曾說：「一個人如果能在心中充滿對人類的博愛，那麼他雖在人間，也就等於生活在天堂之中了。」

如果人人都願意獻出自己的愛心，那麼，待人接物必然更加寬容，這個世界也必定會變得更加璀璨溫馨。

愛，是人類最高尚的行爲表現，人世間的一切都有消滅的一天，唯有愛心例外。眞正的愛，是推己及人，最重要的是，當你能照顧好自己，才能愛護別人。因爲愛，是來自於快樂的人。

憐憫之手可撫平疼痛的傷口

憐憫是一種寬容的表現，也是與人相處不可缺少的橋樑，謹慎使用，便會帶給自己前所未有的收穫。

憐憫是人類行爲中很特別的一環，它不像愛那麼濃烈，也比不上寬容的偉大。愛是積極的，不計代價往前衝，只祈求所愛的對象能得到幸福；憐憫則是消極的行爲，是一種只能在原地的踏步，卻無法改變事實的安慰。

然而，憐憫之心卻是一切善心的基礎，所有關懷的開始。即使再堅強的人，內心都有一個脆弱的地方，需要一雙溫柔的手，輕輕地呵護、撫摸它。就算只有一個眼神、一句問候，都能成爲前進的能量。

索爾．胡洛克是一位古典音樂經紀人，也是美國最佳音樂經紀人之一，因為工作的關係，時常與藝術家有接觸，並曾擔任查理．亞賓的經理人三年之久。查理．亞賓是個風靡一時的男低音，也是個問題人物，行為就像一個被寵壞的小孩，常常帶給別人麻煩，且愛耍脾氣。胡洛克曾經語重心長地說：「查理．亞賓是個各方面都叫人頭痛的傢伙。」

某次查理．亞賓在演唱會當天中午打電話給胡洛克，抱怨道：「我覺得全身都不舒服，喉嚨就像被一塊碎牛肉餅卡住一樣，聲音沙啞又難聽，今天晚上我不想上台演唱了。」

胡洛克雖然不高興，但一句責備的話也沒說。他馬上趕到查理．亞賓居住的飯店，面帶憂傷，同情地說：「我可憐的朋友，你一定感到很難受，看來我必須馬上把演唱會取消，這樣做雖然會讓你損失個一兩千塊，可是跟名譽比較起來，這根本不算什麼，身體比較重要啊……」

查理．亞賓聽完嘆了一口氣說：「或許下午狀況就會好一點了，五點鐘的時候，你再來一趟，看看那時我會不會舒服點。」

到了下午五點鐘，胡洛克再度前往飯店探視查理．亞賓，仍然表現出十分同情的姿態，告訴查理還是將演唱會取消，好好休息會比較好。

查理．亞賓遲疑了一會兒，再次嘆了一口氣說：「唉！也許晚一點就好了，你還是待會兒再來看看我吧！」

到了演唱會開始前三十分鐘，這位任性的男低音終於答應登台演唱了。

乍看之下，胡洛克似乎十分憐憫查理的處境，終究使查理願意登台。不管他是不是眞心，至少聽在對方心裡是舒服的，因爲有人站在自己的立場來著想，讓人覺得受到了重視。

俄國文豪列夫．托爾斯泰在名著《復活》裡如此寫道：「人對待東西可以沒有愛心，砍樹也罷，造磚也罷，打鐵也罷，都可以不需要愛心。但是，人對待人卻不能沒有愛心。」

適度的憐憫，可以成爲人與人之間的潤滑劑。它對受到委屈的人而言，就像一帖消炎藥，可以消火，避免惡化，達到平撫情緒的作用，等到一切冷靜下來，才有辦法做進一步的治療，了解問題的根本。

憐憫是一種寬容的表現，也是與人相處不可缺少的橋樑，讓自己具有憐憫之心，並且謹慎使用，便會帶給自己前所未有的收穫。

過度謙卑只會顯得虛偽

謙虛可以暫時舒緩充滿距離感以及競爭壓力的人際關係，
只是謙虛若沒拿捏好尺度，就會變成虛偽和做作。

一個人最要不得的性格就是驕傲。

驕傲的人總是自以爲了不起，不但沒有把別人放在眼裡，還容易流於任性、頤指氣使，因而常常得罪別人。

這時候謙虛就必須替驕傲建起一道溝通橋樑，才能將傷害減至最低。謙虛並非自卑或懦弱，只是讓自己更謹慎小心，避免高估了自己。

但是，過度的謙虛也是一種美德嗎？

當然不是！法國作家拉美特利在《人是機器》一書中告訴我們答案，他說：「過分的謙虛，是對自然的一種忘恩負義。相反的，一種誠摯的自負，卻象徵著一個美好而偉大的心靈。」

這番話告訴我們，凡事都要適可而止，否則就是虛偽了。

從前，齊國有一位員外，大家稱他為黃公。他非常嚮往古聖先賢的高尚美德，因此想盡辦法模仿文人雅士，可是，無論怎麼學習都只能做到皮毛的功夫，無法深入其中。

在多次弄巧成拙，被人恥笑後，黃公決定找出一個簡單，又不容易出差錯的德行來模仿就好。

他想來想去，還是找不出一個適合學習的美德，直到有一天，一位來自遠方的親戚前來拜訪，心裡才有了譜。

這位親戚看到黃公的大女兒時，忍不住誇讚起她驚人的美貌，黃公立刻謙虛地說：「哪裡，哪裡，只不過是個長相普通的女孩罷了。」

親戚聽到黃公這樣回答，就對他說：「您真是太謙虛了。」

聽到這句話的黃公突然靈光一閃，拍了一下大腿，心裡想著：「對了，就是這個！我所要學習的就是謙虛的美德。」

從那天起，黃公不管見到誰，都想盡辦法要表現出謙虛。

黃公的兩個女兒都有著沉魚落雁的美貌，因為女兒太美麗了，黃公為了要表現自己有著謙虛的美德，只要有人問起女兒的事，他就用謙虛的態度說女兒多麼不好看，連媒人上門來提親，他都要先批評自己的女兒一番，講到讓媒人打消了說親的意願。

到最後，齊國人紛紛謠傳著，黃公的兩個女兒是讓人見了會倒退三尺的醜八怪，連脾氣都像母夜叉，誰娶到她們就是誰倒楣。就因為這樣，兩個女兒過了適婚年齡，仍然沒人敢上門來提親，黃公的妻子也因黃公耽誤了女兒的婚姻而氣出病來。

有個來自魏國的鰥夫，在陰錯陽差之下娶了黃公的大女兒，回到家後，才發現妻子不若謠傳般的可怕，甚至是個溫柔賢淑的美人兒。

之後，他告訴別人：「黃公為人果然謙虛，所以才說女兒長得不好看，聽說他的小女兒更是美麗啊！」

消息一傳出，齊國人爭相前來下聘，黃公的小女兒終於順利出閣了。

看完這則故事，不禁讓人嘲笑黃公的愚昧，想學習古人的美德，卻又不了解其中的深意，只抓到皮毛就急於表現，使得謙虛淪爲虛僞，更糟糕的是還牽連了兩個無辜的女兒。

在現代這種競爭的時代，人們都急於表現、推銷自己，有時難免流於誇大浮華，說久了，就連自己也相信了，因而在不知不覺中自我膨脹。這時候謙虛就可以暫時舒緩充滿距離感以及競爭壓力的人際關係。

只是謙虛若沒拿捏好尺度，就會變成虛僞和做作。

福特汽車的總經理西蒙．E．努德曾經說過：「在自誇之前，要先說自己以前多麼愚笨。」

這也是提升自己的一種方式，比較不會讓人感受到傲氣，甚至有加分效果。

但是若別人都已了解你的成就，你還過度謙虛，反而像是變相的侮辱，就像一個瘦子在胖子面前拼命的說：「我眞的覺得我好胖唷！」聽在胖子的耳裡，怎麼會好受？

或許說者無意，可難保聽者有意，這樣謙虛豈不流落於嘲諷？

有幾分實力就努力出表現幾分，才是現今謙虛的意義。

享受生活中的小事就是幸福

其實只要懂得享受生命，幸福生活也可以很簡單。人活著，就必須讓自己真正去體驗生命。

人們會因爲外在環境而影響自己的心性，在忙碌、狹窄的空間，不知不覺中心胸也跟著狹窄，鑽牛角尖，進而影響自己的生活，對一切失去熱忱。

其實，我們所處的環境帶來怎樣的影響，都與我們自身脫不了關係。要是不能用心去感受它，即使再好的條件，人生還是沉重的。

所謂的生活的樂趣只是一種感覺，常常就在自己的身邊，只是我們沒有發覺而已。每個人都有每個人的快樂，只要能用開闊的心胸生活。

一個富商身染重病，時日無多，有一天他躺在床上休息時，聽到窗外傳來一陣嘻笑聲，原來是廣場前有一群孩子在雨後抓蜻蜓。於是他把四個年輕的兒子叫來床邊，對他們說：「我已經好多年沒見著蜻蜓了，你們到空地上捉幾隻過來讓我瞧瞧。」

不一會兒，大兒子就帶了一隻蜻蜓上來。

富翁問他怎麼那麼快就回來，而且才抓一隻而已，大兒子回答他：「我希望能讓爸爸快一點看到蜻蜓，就用您剛剛送我的那台遙控車，跟小朋友換了一隻蜻蜓。」

富商聽完，若有所思地點了點頭。

又過了一會兒，二兒子也回來了，手上捉著兩隻蜻蜓。

富商好奇地問他蜻蜓是怎麼抓來的，二兒子告訴他：「我把剛剛您送我的小飛機用三分錢租給一個小朋友，然後拿其中的兩分錢跟另一個小朋友租了兩隻蜻蜓。」

富翁聽了，不禁笑了笑。

不久，老三也上來了，帶來十隻蜻蜓，富翁又問了他同樣的問題。

「爸爸，要不是怕您等不及了，原本我可以帶十五隻蜻蜓回來的。剛剛我把您給我的模型汽船舉得高高的，問問看有沒有人要玩，想玩的只要交一隻蜻蜓。」

富翁聽了，拍拍三兒子的頭。

過了好一陣子，小兒子才慢吞吞走上來，只見他滿頭大汗，衣服上沾滿灰塵跟泥土，手上一隻蜻蜓也沒有。

富翁問：「孩子，你怎麼把自己弄成這樣呢？」

小兒子低著頭，愧疚地說：「我捉了老半天，一隻也捉不到，就乾脆坐在地上玩您給我的小火車，我想著說不定小火車可以撞上一隻跌落在地上的蜻蜓。後來看到哥哥們都離開了，等了一陣子還是沒撞到蜻蜓，只好回來了……」小兒子愈說愈小聲，忍不住哭了起來。

富翁慈祥的笑了，將四個兒子摟在懷裡，替他們擦掉臉上的汗珠。

第二天清晨，當兒子們要向富翁請安時，才發現他已經過世了。他們在富翁的床頭發現了一張小紙條，上面寫著：「孩子們，我需要的並不是蜻蜓，而是希望你們能感受到捉蜻蜓的樂趣。」

在追求生活的目標時，我們常常忘記這樣做的原意何在。長輩們總是諄諄教誨著要如何如何爲將來打算，之後才能過好的生活，老了才會幸福，可是當我們達成所謂「好生活」時，卻不一定快樂，因爲在這段「努力」的過程中，已經忘了如何過「好生活」，甚至不知道怎樣才稱得上好。

其實，只要懂得享受生命，幸福生活也可以很簡單。

人活著，就必須讓自己真正去體驗生命，即使是一個抓蜻蜓的動作，都能讓人樂在其中。如果人生只能選擇這樣過，那就敞開心胸，去擁抱、接受、品味它。沒有嘗遍酸、甜、苦、辣，怎能了解生命的樂趣呢？

微笑是解決問題的特效藥

經常發怒的人，朋友一定少，心情也不會好。只有用微笑面對一切的人，才能輕鬆地解決一切。

有位人際關係大師曾經說過：「能讓一個人開懷大笑，你已經鋪好了與他之間的友誼橋樑。」

要結交一個朋友很簡單，只要想辦法讓他笑就行了。

相對的，要樹立一個敵人也很簡單，只要想盡辦法讓他成爲別人的笑柄，他自然就會討厭你。

一家公司招待外賓到飯店吃飯，由於這筆生意非常重要，董事長除了派出所有一級主管之外，還特地加派一位新進職員隨侍在側。

上菜之後，那位年輕的新進職員立刻上前一一為客人以及眾主管斟酒，豈知他的手不小心滑了一下，竟然將整瓶酒嘩啦啦地倒在一位禿頭主管的頭上。

這個突如其來的狀況，令大夥兒驚駭不已，一時之間全都看得目瞪口呆，不知道該怎麼反應才好。

那位新進職員更是嚇得臉色發白，傻愣愣地呆立在一旁，等著挨罵。

就在這個進退兩難的時刻，只見那位禿頭的主管拿起餐巾，往自己的頭上擦了擦，然後笑著對大家說：「年輕人畢竟是年輕人，他竟然以為用這種方法就可以治好我的禿頭？唉……這個方法其實我老早就已經偷偷試過了。」

話一說完，全場人士爆出一陣笑聲，尷尬的氣氛頓時煙消雲散。

有句話說：「微笑能解決問題，皺眉只會緊鎖問題。」

這句話說得一點兒也沒錯，微笑正是解決尷尬問題的特效藥。

經常發怒的人，朋友一定少，心情也不會好。只有懂得用微笑面對一切的人，才能輕鬆地解決一切。

微笑人人都會，但是要在應該生氣、應該嘆氣，甚至應該哭泣的時候還能夠笑得出來，這就非得要有高深的內涵與修養才行。

能夠開朗微笑的秘訣在於：「付出得多，計較得少。」不要問自己是爲什麼而笑，只要試著微笑就對了。

無論如何都要享受工作的快樂

一個無法享受工作樂趣的人，只能在自己的情緒中惡性循環，並且離成功越來越遠。

法國文豪巴爾札克說過：「苦難對天才來說，是一塊墊腳石，對能幹的人是一筆財富，但對於軟弱無能的人來說，卻是一個萬丈深淵。」

每個人都有能力實現自己的願望，我們也經常見到，成功的人只是比一般人多了「行動」而已。如果你眞的對現在的生活感到不滿意，那麼就停止抱怨，立刻開始行動。

請記住：一個人的價值在於他完成了什麼事，而不是他說了什麼話。

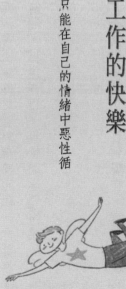

只會坐著抱怨沒有機會的人，往往不知道機會就在他抱怨的時候，不知不覺地從身邊溜走了。

有好多年的時間，雪特每個禮拜都要工作七天，下班後不只要寫書，還要寫文章，為的就是供三個孩子都讀完大學。所以，雪特工作得並不快樂，常常自怨自艾，並且希望不用工作的日子能夠早點到來。

好不容易，他的孩子們個個都大學畢業，可以自立了，他的生活壓力頓時減輕，於是馬上就辦理退休，心想自己終於可以自由了！他可以愛睡多久就睡多久，可以高興去哪裡就去哪裡，擺在他面前的，正是他夢寐以求的退休生活。

可是，事實上並非如此，雪特每天早上醒來之後就無事可做，只能在家裡做點瑣事，或是上街買些東西來消磨時間。日復一日，雪特開始覺得腰酸背痛，連做夢時都在生氣，身體反而比退休前更差。

最後，雪特決定再度恢復工作。

工作之後，身體的酸痛消失了，心情也好多了，直到現在，雪特已經六十八歲了，他仍然在他的工作崗位上，並且覺得很快樂。

從雪特的例子，我們知道從工作中得到的東西，絕對不只有金錢的報酬而已。工作的最終目的還是爲了自己，從工作中學習到的知識和經驗，不只可以自我肯定，更可以得到心靈上的滿足。

一個無法享受工作樂趣的人，一定也無法自工作中獲得金錢以外的事物，這樣的人只能在自己的情緒中惡性循環，並且離成功越來越遠。

因此，如果你能把工作視爲自己人生的一部份，那麼你才能比別人更容易獲得成功，也才能在工作中得到更多快樂。

生活良品

37

你的自信，一定會改變你的人生

作　　者　江映雪
社　　長　陳維都
藝術總監　黃聖文
編輯總監　王　凌
出 版 者　普天出版家族有限公司
新北市汐止區忠二街 6 巷 15 號
TEL / (02) 26435033 (代表號)
FAX / (02) 26486465
E-mail：asia.books@msa.hinet.net
http://www.popu.com.tw/
郵政劃撥 19091443 陳維都帳戶
總 經 銷　旭昇圖書有限公司
新北市中和區中山路二段 352 號 2F
TEL / (02) 22451480 (代表號)
FAX / (02) 22451479
E-mail：s1686688@ms31.hinet.net
法律顧問　西華律師事務所・黃憲男律師
電腦排版　巨新電腦排版有限公司
印製裝訂　久裕印刷事業有限公司
出 版 日　2021 (民 110) 年 10 月第 1 版
I S B N◉978-986-389-793-4　　條碼 9789863897934

國家圖書館出版品預行編目資料

你的自信，一定會改變你的人生／
江映雪著.—第 1 版.—：新北市,普天出版
民 110.10 面； 公分. -（生活良品；37)
I S B N◉978-986-389-793-4 (平裝)

普天之下・誰是好書

普天 出版家族
Popular Press Family

淩雲 文創
A-Plus Creative Company